Beck'scheReihe

BsR 1272

W0057605

Zu den erregendsten Bundestagsdebatten der letzten Jahre gehört zweifellos die Auseinandersetzung um die Aufhebung der Todesurteile, die deutsche Kriegsgerichte während des Zweiten Weltkriegs fällten, um die Rehabilitation der Opfer dieser Urteile bzw. die Entschädigung der Hinterbliebenen. Die Zahl der Todesurteile, die sich auf etwa 50 000 belaufen, ist ohne Beispiel; von ihnen wurden mindestens 30 000 vollstreckt – einige noch nach der Kapitulation des Dritten Reiches und seiner „Wehr-"macht. Unter den Opfern dieser Urteile sind nicht wenige, die aus Gewissensgründen die Teilnahme an dem verbrecherischen Angriffs- und Vernichtungskrieg verweigerten, den Hitler gegen die Völker Europas führte. Diese kriegsgerichtlichen Tötungsanordnungen verdienen es im wohlverstandenen, rechtsstaatlichen Sinne nicht, als Urteile bezeichnet zu werden. Erst die Lektüre ihres vollen Wortlauts vermag uns die Menschenverachtung vor Augen zu führen, mit der deutsche Kriegsrichter ihren „Beitrag zum Endsieg" leisteten.

Otto Gritschneder, Jahrgang 1914, stellt in einer Auswahl 28 solcher Todesurteile in ungekürzter Wiedergabe vor. Er wurde wegen politischer Unzuverlässigkeit im Dritten Reich mit berufsverbot belegt. Seine eigenen Erfahrungen als Zeitzeuge der Vorgänge im Dritten Reich und sein konsequentes Eintreten für den freiheitlichen und sozialen Rechtsstaat qualifizierten ihn in besonderer Weise als Autor des vorliegenden, lang erwarteten Buches. Sein Engagement wurde 1996 durch die Verleihung des Arnold-Freymuth-Preises gewürdigt. Im Jahre 1998 erhielt er von seiner Heimatstadt München – wo er seit Geburt mit seiner Familie lebt – für seine Verdienste die Medaille „München leuchtet, den Freunden Münchens" in Gold.

Von O. Gritschneder sind bei C.H.Beck lieferbar: *Anwaltsgeschichten* (1988); *Bewährungsfrist für den Terroristen Adolf H. Der Hitlerputsch und die Bayerische Justiz* (1990); *Angeklagter Ludwig Thoma. Mosaiksteine zu einer Biographie aus unveröffentlichten Akten* (1992²); *„Der Führer hat Sie zum Tode verurteilt …", Hilters „Röhmputsch"-Morde vor Gericht* (1993); *„Fachlich geeignet, politisch unzuverlässig …" Memoiren* (1996).

OTTO GRITSCHNEDER

Furchtbare Richter

Verbrecherische Todesurteile
deutscher Kriegsgerichte

VERLAG C. H. BECK

Mit 9 Abbildungen und einer Briefkopie im Text

Die Deutsche Bibliothek – CIP-Einheitsaufnahme

Gritschneder, Otto:
Furchtbare Richter : verbrecherische Todesurteile
deutscher Kriegsgerichte / Otto Gritschneder. – Orig.-Ausg.
– München : Beck, 1998
   (Beck'sche Reihe ; 1272)
   ISBN 3 406 42072 9

Originalausgabe
ISBN 3 406 42072 9

Umschlagentwurf: Uwe Göbel, München
Umschlagabbildung: Gründungsversammlung des
Reichskriegsgerichts am 1. Oktober 1936 in Berlin (erste Reihe von
links: Konteradmiral Günther Guse, General der Flieger Erhard
Milch, General der Infanterie Karl Gerd von Rundstedt,
Reichskriegsminister Werner von Blomberg);
© Gedenkstätte Deutscher Widerstand, Berlin
© C. H. Beck'sche Verlagsbuchhandlung (Oscar Beck), München 1998
Gesamtherstellung: C. H. Beck'sche Buchdruckerei, Nördlingen
Gedruckt auf säurefreiem, alterungsbeständigem Papier
(hergestellt aus chlorfrei gebleichtem Zellstoff)
Printed in Germany

Inhalt

Die äußerste Ungerechtigkeit ist die, gerecht zu scheinen,
dieweil man es nicht ist.
Platon, Politik III 4 (316 a)

I. Einleitung

Am Anfang aller Überlegungen über die Rechtmäßigkeit oder
Unrechtmäßigkeit der etwa 50 000 Todesurteile der Kriegsgerichte Adolf Hitlers steht die Frage nach dem Charakter seines
Krieges. Dieser war – ebenso wie der Holocaust – Ausdruck
eines extrem verbrecherischen Systems:

Der ‚Führer‘ hatte schon gleich nach der sogenannten Macht-
übernahme – tatsächlich darf man sich nicht darüber hinweg-
täuschen, daß ihm die Macht *übergeben* worden war – die von
der Reichswehr schon in den zwanziger Jahren in Gang gesetzte heimliche Aufrüstung vorangetrieben. Bereits 1935 hat er
die allgemeine Wehrpflicht verordnet, bis es ihm am 1. September 1939 möglich war, mit dem Überfall auf Polen einen
Krieg gegen fast alle europäischen Staaten und in der Folge
auch gegen die USA zu beginnen. Auf dem Höhepunkt dieses
militärischen Gemetzels, 1941 bis 1945, wurde daraus ein in
der Geschichte einmaliger, von Hitler selbst als „Vernichtungskrieg“ proklamierter Raub- und Mordfeldzug gegen die Sowjet-
union, in dem Millionen von Zivilisten, vor allem Juden, von
deutschen Waffenträgern „liquidiert“ wurden.

Es gibt keinen Zweifel, daß dieser Krieg Hitlers und seiner
Generale ein schreiendes Unrecht, ein durch nichts zu beschö-
nigender oder gar zu rechtfertigender Angriffskrieg war. Die
Wehrpflichtigen, denen man die Erschießung unschuldiger
Gegner befahl, wurden natürlich nicht gefragt, ob sie diesen
Krieg für sinnvoll und gerecht hielten. Wer freilich einigerma-
ßen ruhig und klar zu denken und zu urteilen vermochte, hielt
den Hitlerkrieg von Anfang an für ein völkerrechtswidriges
Verbrechen, an dem man nicht teilnehmen durfte.

Hier setzte nun der stille, in seiner Quantität, vor allem aber in seiner moralischen Qualität nicht zu unterschätzende Widerstand der verständig urteilenden und gerecht denkenden Kriegsverweigerer ein. Es waren erheblich mehr, als man von offizieller Seite zugeben mochte. Nicht alle hielten es für klug, und erst recht hatten nicht alle den Mut, ihre Ablehnung des Krieges offen zu bekennen; konnte doch schon der leiseste vernehmlich geäußerte Zweifel am Sinn dieses Krieges und seiner Rechtfertigung den Kopf kosten. Auch heute sollte niemand mit wohlfeilen Argumenten über jene Soldaten urteilen, die einfach nur darauf bedacht waren, die Kriegsereignisse von 1939 bis 1945 zu überleben. Der auf den wegen Landfriedensbruchs und Hochverrats vorbestraften Hitler geleistete Soldateneid kann in einer solchen Diskussion keine Rolle spielen. Wer wird sich in seinem Gewissen schon an eine unter Androhung der Todesstrafe abgepreßte Erklärung gebunden fühlen!

Wie viele Zwangsrekrutierte ihre Hitlerkriegsverweigerung in die Tat umsetzen konnten, wird nie mehr festzustellen sein. Zu ihnen gehören zum einen solche Männer, die den bedingungslosen Soldateneid auf Hitler von vornherein verweigerten, zum anderen jene, die schließlich die Ausübung des sogenannten Wehrdienstes verweigerten, darüber hinaus auch Soldaten, die durch ihr Verhalten „Wehrkraftzersetzung" betrieben, ferner die ungezählten Fahnenflüchtigen und letztlich die, welche sich aus Verzweiflung selbst verstümmelten, um kriegsdienstuntauglich zu sein.

Ein Teil dieser außerordentlich zahlreichen Kriegsverweigerer wurde erwischt und vor eines der im Laufe des Krieges auf etwa 300 angewachsenen NS-Kriegsgerichte[*] gestellt, die Hit-

---

[*] Diese sogenannten Kriegsgerichte waren keine wirklichen Gerichte; ihnen fehlte die für Richter entscheidende Eigenschaft, nämlich die Unabhängigkeit. Ihre „Urteile" mußten dem Gerichtsherrn vorgelegt werden, der sie entweder bestätigen oder aufheben und den Fall an ein anderes Kriegs-„Gericht" verweisen konnte. Diese Gerichtsherren waren keine Juristen, sondern hohe Militäroffiziere, meist Kommandeure größerer Einheiten. Ausführlich dazu GRUCHMANN, Lothar, *Ausgewählte Dokumente zur Deutschen Marinejustiz im Zweiten Weltkrieg.* Vierteljahrshefte für Zeitgeschichte 1978, Heft 3, S. 433–498, insbes. S. 436–446.

ler schon vor seinem Krieg eingerichtet hatte. Sie wurden, bis auf ganz wenige Ausnahmen, zum Tode verurteilt und erschossen; als man gegen Ende des Krieges nicht mehr genug Erschießungskommandos zusammenbrachte, wurden die verurteilten Soldaten hin und wieder einfach aufgehängt oder guillotiniert. Wie viele so zu Tode gekommen sind, konnte nie genau festgestellt werden, denn die NS-Kriegsgerichtsurteile – auch die des NS-Reichskriegsgerichts – wurden bis auf ganz wenige frühe Ausnahmen nicht, wie etwa die Urteile des Reichsgerichts oder anderer oberer deutscher Gerichte in eine amtliche Sammlung aufgenommen; viele sind bis heute nicht mehr aufgetaucht und sind wohl auch nie mehr zu finden. Die NS-Kriegsrichter haben alles daran gesetzt, ihre verbrecherischen Todesurteile zu verschweigen, zu vernichten oder sonstwie dem Volke, in dessen Namen sie verlogenerweise verkündet worden waren, vorzuenthalten. Angehörige können deshalb nicht erfahren, was aus ihrem Sohn, ihrem Bruder, Vater oder Gatten nach dessen Zwangsrekrutierung geworden ist.

Daher ist die Forschung und sind auch die Gerichte unserer Tage auf Teilfeststellungen, auf Hochrechnungen und manchmal sogar auf Schätzungen angewiesen. Das Bundessozialgericht* kommt in seiner sehr vorsichtigen Prüfung zu folgender Feststellung: „... wurden nach inzwischen gewonnenen Forschungsergebnissen im Zweiten Weltkrieg von Wehrmachtgerichten etwa 30000 Todesurteile (hochgerechnet, einschließlich standrechtlicher Erschießungen sowie der Urteile gegen Zivilisten und Kriegsgefangene sogar 50000) verhängt und etwa 20000 Todesurteile vollstreckt, zunehmend wegen Fahnenflucht oder ‚Zersetzung der Wehrkraft‘". Eine ungeheure Zahl! Der Volksgerichtshof, das gefürchtete Terrorinstrument NS-

---

* Urteil vom 11. 9. 1991 Aktenzeichen 9a RV 11/90; abgedruckt in der amtlichen Entscheidungssammlung des Bundessozialgerichts Band 69, S. 211 ff. und in der Neuen Juristischen Wochenschrift 1992, Seite 934 ff. Dazu ausführlicher Kommentar über Geschichte und Bedeutung der nun aufgegebenen bislang verfolgten Rechtsprechung von GRITSCHNEDER, O., Neue Juristische Wochenschrift. 1993, S. 369 ff.

staatlicher Unrechtsprechung, brachte es demgegenüber (bis 1944) ‚nur' auf 5214 Todesurteile.

Der Sieg über diesen militärgerichtlichen Geheimhaltungs-Clan gelang zwei besonders engagierten Männern; ihre historischen und zeitgeschichtlichen Verdienste um die Erforschung der erschütternden Wahrheiten über die NS-Kriegsgerichtsbarkeit können nicht hoch genug veranschlagt werden. Es handelt sich um Professor Dr. phil. Manfred Messerschmidt, Volljurist und ehemaliger Leitender Historiker des militärgeschichtlichen Forschungsamtes, und den ehemaligen Wirtschaftsdirektor Fritz Wüllner, der über zehn Jahre auf eigene Kosten die einschlägigen Archivbestände durchforstet hat. Sie haben ihre grundstürzenden Forschungsergebnisse in vielbeachteten Publikationen einer breiten Öffentlichkeit zugänglich gemacht.[*] Auf diese Weise ist es ihnen gelungen – was Privatveröffentlichungen ganz selten gelingt –, eine völlige Umkehr der bisherigen höchstrichterlichen Rechtsprechung in der Beurteilung der NS-Kriegsgerichts-Todesurteile zu bewirken. Ihren Arbeiten gebührt daher ein rechtshistorisches Verdienst allerersten Ranges.

Das erste Urteil des Bundessozialgerichts, das aufgrund der Veröffentlichungen von Messerschmidt und Wüllner erging, zeigt eine völlige Abkehr von der jahrzehntelang geübten Rechtsprechung dieser Institution, die bis zu diesem Zeitpunkt regelmäßig Klagen auf Entschädigung der Opfer der NS-Kriegsgerichte abgewiesen hatte. In diesem Urteil lauten zentrale Sätze zur Begründung der Neubewertung des Sachverhalts und zur Feststellung der veränderten Rechtsfolgen: „Die nationalsozialistische Herrschaftsordnung war ... ein politisches Terrorsystem ‚der unbeschränkten Willkür und Gewalt, das durch keinerlei rechtliche Garantien eingeschränkt wurde' ...". „Die Wehrmacht und ihre Gerichte sollten dazu beitragen, den

---

[*] MESSERSCHMIDT, Manfred/WÜLLNER, Fritz: *Die Wehrmacht im Dienste des Nationalsozialismus, Zerstörung einer Legende.* Baden-Baden: Nomos-Verlagsgesellschaft, 1987. WÜLLNER, Fritz: *Die NS-Militärjustiz und das Elend der Geschichtsschreibung.* Ein grundlegender Forschungbericht. Baden-Baden: Nomos-Verlagsgesellschaft, 1997[2].

völkerrechtswidrigen Krieg zu führen. Die Anwendung ... der Todesstrafe wurde nicht mehr individuell durch Gerichte sondern durch Führererlaß generell als angemessen festgelegt." „Nach dem Befehl Hitlers über die Bildung des Truppensonderdienstes in der Wehrmacht ... waren auch die Richter schließlich noch den jeweiligen Truppen- und Fachvorgesetzten unterstellt ... Im Bereich der Wehrmacht hatte es somit keine unabhängige Justiz gegeben." „Zu entschädigen sind daher gleichermaßen Widerstandskämpfer, unpolitische Menschen, auch ‚Feiglinge' und getreue Gefolgsleute in einem völkerrechtswidrigen Krieg."*

Auch der Bundesgerichtshof, der ja viele Grundideen aus der Nazizeit übernommen hatte, mußte seine lang praktizierte Rechtsprechung aufgeben. In einem sehr ausführlichen, in West- und Ostdeutschland gleichermaßen aufsehenerregenden Grundsatzurteil vom 16. November 1995 warf dieses höchste deutsche Strafgericht den mit politischen Fragen befaßten bundesdeutschen Gerichten in aller Form „Rechtsbeugung" und eine „insgesamt fehlgeschlagene Auseinandersetzung mit der NS-Justiz" vor. Diese „Perversion der Rechtsordnung" sei „schlimmer kaum vorzustellen". Die Richter des Bundesgerichtshofs beklagen hier ausdrücklich, daß die rechtsbeugerischen Todesurteile der NS-Kriegsgerichte ungesühnt blieben.**

Nach längeren Debatten vermochte am 15. Mai 1997 sogar der Deutsche Bundestag, sich zu einer rehabilitierenden Entschließung aufzuraffen. Er drückte immerhin – wenn auch in wolkigen Formulierungen – den „Zehntausenden deutschen Soldaten und Zivilpersonen", die wegen Kriegsdienstverweigerung, Fahnenflucht und Wehrkraftzersetzung „Opfer von Verurteilungen" geworden waren, „Achtung und Mitgefühl" aus und stellt dann explizit fest, „daß die von der Wehrmachts-

---

* Siehe Fußnote Seite 9.
** Aktenzeichen 5 StR 747/94; abgedruckt in der amtlichen Entscheidungssammlung Band 41, Seite 317 ff. und in der Neuen Juristischen Wochenschrift 1996, Seite 857 ff. Dazu ausführlicher Kommentar von GRITSCHNEDER, O., *Späte Beichte des Bundesgerichtshofes*, Neue Juristische Wochenschrift 1996, Seite 1239 ff.

justiz während des Zweiten Weltkriegs wegen dieser Tatbestände verhängten Urteile unter Anlegung rechtsstaatlicher Wertmaßstäbe unrecht waren". Das dann ein Jahr später am 28. Mai 1998 ergangene Gesetz des Bundestages zur pauschalen Aufhebung nationalsozialistischer Unrechtsurteile befriedigt allerdings nicht; es enthält unter anderem keine eindeutigen Regelungen hinsichtlich der Deserteure.

Politiker, Journalisten, Richter und alle an der Offenlegung der Justizverbrechen des Dritten Reiches interessierten Mitbürger haben regen Anteil an dieser zwar späten, aber sehr erfreulichen Rechtsentwicklung genommen. Ihrem Informationsanspruch und rechtshistorischen Interesse daran, wie Todesurteile der NS-Kriegsgerichte eigentlich ausgesehen haben und welche schrecklichen Einzelschicksale mit solchen Urteilen verbunden waren, möchte der Autor des vorliegenden Buches gerecht werden. Natürlich war es nicht möglich, die verbrecherischen Kriegsgerichtsurteile auch nur annähernd vollständig zu dokumentieren – eine Sammlung aller etwa 50 000 NS-Kriegsgerichts-Todesurteile würde (bei nur drei Seiten je Urteil) mindestens 300 Aktenordner füllen. Immerhin mag die hier vorgelegte Auswahl 28 *ungekürzter* Urteile, die aus einer großen Zahl von durchgesehenen Dokumenten stammt, hinreichen, um gleichsam in Nah- und Großaufnahme vor Augen zu führen, wie wirklichkeitsfremd die NS-Richter Hitlers Raub- und Mordzüge eingeschätzt beziehungsweise wider besseres Wissen dargestellt und wie grausam, unmenschlich und gewissenlos sie die Hitlerkriegsverweigerer behandelt und umgebracht haben.

Die sinnlose und zutiefst verbrecherische Behandlung der Kriegsgegner beschränkte sich übrigens nicht auf die kriegsgerichtliche Verurteilung zum Tod. Die wenigen, die begnadigt wurden oder mit einer Freiheitsstrafe davonkamen, wurden in Straflagern, Feldstrafgefangenenabteilungen oder Strafbataillonen dem Hunger und sadistischen Folterern ausgesetzt und oft in einem tödlichen Himmelfahrtskommando verheizt.

Als besonders widerwärtige und erschütternde Beispiele der Mentalität, die die NS-Militärjustiz kennzeichnete, werden im

Anhang drei Dokumente abgedruckt: Das eine ist das abgelehnte Gnadengesuch, das eine Mutter von fünfzehn Kindern – von denen sechs in den Krieg ziehen mußten – für einen ihrer Söhne gestellt hatte. Das andere ist ein amtlicher Bericht über eine öffentliche Hinrichtung von vierzehn Hitlerkriegsgegnern in Wien vor hohen Vertretern von Partei und Staat und etwa einhundert Soldaten, die zum Zweck der Abschreckung dorthin abkommandiert worden waren, dazu einer Masse schaulustigen Pöbels. Und drittens: Der herzzerreißende Abschiedsbrief eines 20jährigen Marinefunkers an seine Braut; er war noch zwei Tage *nach* der Kapitulation der Hitlerwehrmacht wegen „Fahnenflucht" füsiliert worden.

Vestigia terrent – Die Spuren schrecken.

*

Die Texte der Todesurteile sind nirgendwo amtlich gesammelt. Ich bedanke mich daher bei den Herren, die mir aus ihren Sammlungen die hier veröffentlichten Urteilstexte zur Verfügung gestellt haben, insbesondere bei Ludwig Baumann (Bundesvereinigung Opfer der NS-Militärjustiz) Dr. Detlef Garbe (KZ-Gedenkstätte Neuengamme, Museum für Hamburgische Geschichte, Kulturbehörde der Freien und Hansestadt Hamburg), Prof. Dr. Manfred Messerschmidt (ehemaliger Leitender Historiker des militärgeschichtlichen Forschungsamtes), Michael Eberlein und Wolfgang Oleschinski (Dokumentations- und Informationszentrum Torgau). Besonderen Dank für wertvolle Ratschläge und Informationen sage ich auch Dr. Norbert Haase (Stiftung Sächsischer Gedenkstätten zur Erinnerung an die Opfer politischer Gewaltherrschaft).

München, im Sommer 1998   *Otto Gritschneder*

II. 28 von 50 000 verbrecherischen Todesurteilen

Den hier veröffentlichten Urteilen liegt jeweils der Entschluß der Verurteilten zu Grunde, daß sie an Hitlers Angriffskrieg nicht teilnehmen wollten. Ob sie sich aus religiösen Gründen weigerten oder aus politischer und weltanschaulicher Gegnerschaft zum nationalsozialistischen Unrechtssystem oder auch ‚nur' aus Angst vor einem sinnlosen Tod, spielte für die richterlichen Gehilfen Hitlers keine Rolle. Das Bundessozialgericht hat daher in seiner Grundsatzentscheidung mit Recht als entschädigungsberechtigte Opfer nicht nur die aktiven Widerstandskämpfer anerkannt sondern ausdrücklich auch „unpolitische Menschen" und „Feiglinge" (Urteil vom 11. September 1991, vergleiche Anmerkung Seite 9).

Die Reihenfolge der Urteile folgt den (oft etwas willkürlichen und unzutreffenden) Deliktsbezeichnungen in den einleitenden Urteilssätzen und innerhalb dieser Gruppen dem Alphabet. Das Register soll das Auffinden von Namen und Begriffen erleichtern.

1. Verweigerung des Wehrdienstes
(§ 5 der Kriegssonderstrafrechtsverordnung)

Wer erkannte, wie verbrecherisch und sinnlos der Hitlerkrieg war, stand vor der Frage, ob er einer Einberufung Folge leisten und damit gegen seine Überzeugung handeln dürfe oder ob er der durch Todesdrohung erzwungenen Rekrutierung, um sein Leben zu retten, zunächst nachkommen und darauf hoffen solle, daß er irgendwie seinen Kopf retten könne – sei es durch Zufall, sei es durch Flucht, sei es durch Überlaufen zum Gegner.

Den Opfern der konsequenten Verweigerung des Waffendienstes für die Hitler-Wehrmacht, die bewußt das Todesurteil in Kauf nahmen, gebührt der ehrende Respekt, auch der Respekt derer, die der Einberufung folgten und sich zum Fahneneid in der Hoffnung zwingen ließen, daß sie den Angriffs- und Vernichtungskrieg Hitlers schon überleben würden. Vielen ist es gelungen.

Präsident des Reichskriegsgerichtes Admiral Max Bastian

Der Fall des Bibelforschers ABKE, Vater von drei Kindern, war ein Routine-Fall für die Todesmaschinerie der NS-Kriegsjustiz. Nach vorsichtigen Schätzungen sind es mindestens 1000 Bibelforscher (Zeugen Jehovas), die nur deshalb zum Tod verurteilt wurden, weil sie aus religiösen Gründen den Wehrdienst verweigerten. Ausführliche Statistiken über solche Urteile und über Tausende von Bibelforschern, die in den Konzentrationslagern ermordet wurden, hat Detlef Garbe in einer Dokumentation zusammengestellt: Garbe, Detlef: *Zwischen Widerstand und Martyrium. Die Zeugen Jehovas im Dritten Reich*. München: R. Oldenbourg Verlag, 1993, S. 479–488.

Reichskriegsgericht

StPL $\dfrac{\text{1. Sen. 45/44}}{\text{RKA II 220/44}}$

Im Namen
des Deutschen Volkes!

Feldurteil

In der Strafsache gegen
      den Baupionier Hermann A b k e,
      Stammkomp. Bau-Pi.-Ers.u.Ausb.Btl. 6,
wegen Zersetzung der Wehrkraft
hat das Reichsgericht, 1. Senat, in der Sitzung vom 27. Juni 1944,
an der teilgenommen haben
   als Richter:
      Generalstabsrichter Neumann, Verhandlungsleiter,
      Generalleutnant Ritter von Mann,
      Oberst Röhrs,
      Oberst Matthey,
      Oberkriegsgerichtsrat Kaehler,
   als Vertreter der Anklage:
      Oberkriegsgerichtsrat Seyfarth,
   als Urkundsbeamter:
      Heeresjustizinspektor Boll,
für Recht erkannt:
   Der Angeklagte wird wegen *Verweigerung des Wehrdienstes* zum
Tode und zum dauernden Verlust der Ehrenrechte und zum Verlust der
Wehrwürdigkeit verurteilt.
   Von Rechts wegen.

Gründe

   Der Angeklagte ist am 20. 10. 1903 in Löhne (Krs. Herford) als Sohn
eine Mühlenarbeiters geboren. Er ist verheiratet und hat drei Kinder.
Nach dem Besuch der Volksschule war er zunächst als ungelernter Arbeiter in verschiedenen Fabrikbetrieben tätig. 1940 wurde er zum Dre-
her umgeschult.
   Im Jahre 1925 kam er mit der Sekte der „Ernsten Bibelforscher" in
Berührung. Er hörte deren Vorträge, las ihre Schriften und bekannte
sich schließlich selbst zu dieser „Lehre". Er nennt sich „Zeuge Jehovas". 1932 ist er aus der evangelischen Kirche ausgetreten.
   Zum 27. 4. 1944 wurde der Angeklagte zum Bau-Pi.Ers.u.Ausb.Btl. 6
nach Arnsburg einberufen. Hier hat er sich zwar befehlsgemäß gemeldet, am 2. Mai 1944 aber erklärt, er könne auf Grund seines Glaubens

weder den Fahneneid ablegen noch Wehrdienst leisten; er könne sich überhaupt nicht in die Wehrmacht einordnen.

Diesen Standpunkt hat der Angeklagte bei seiner Vernehmung durch den Untersuchungsführer des Reichskriegsgerichts und in der Hauptverhandlung trotz eindringlicher Belehrung und Hinweises auf die schweren Folgen seiner Haltung beibehalten. Er hat erklärt, er habe Jehova ein Gelübde abgelegt, streng nach seinen Geboten zu leben.

Als 40jähriger Reichsdeutscher ist der Angeklagte wehrpflichtig (§§ 1, 4 Wehrgesetz). Er ist mit dem Tage seiner Einberufung Soldat geworden und als solcher verpflichtet, Wehrdienst in jeder von ihm verlangten Form zu leisten und den Fahneneid abzulegen. Er ist sich auch, wie er zugibt, dieser Pflichten bewußt. Da er den Wehrdienst seit dem 2. 5. 1944 verweigert, hat er es unternommen, sich der Erfüllung des Wehrdienstes ganz zu entziehen. Hieran ändert die Tatsache nichts, daß er sein Verhalten aus religiöser Überzeugung für geboten erachtet (§ 48 MStGB). Bedenken, daß er für seine Tat nicht oder nicht voll verantwortlich ist, haben sich nicht ergeben. Der Angeklagte ist daher wegen Verbrechens gegen § 5 Abs. 1 Nr. 3 KSSVO zu bestrafen.

Wer seinem Volke in schwerster Kriegszeit den Wehrdienst hartnäckig und unbelehrbar verweigert, kann nur zum Tode verurteilt werden. Der Senat hat darauf erkannt.

Die Verhängung der Ehrenstrafen folgt aus § 32 StGB, und § 31 Nr. 1 MStGB.

Neumann   v. Mann   Röhrs   Matthey   Kaehler

Der Präsident   Torgau, den 7. 7. 1944
des Reichskriegsgerichts
als Gerichtsherr

Bestätigungsverfügung

Ich bestätige das Urteil.
Das Urteil ist zu vollstrecken.

Bastian
Admiral

Mehrere Mitglieder der Schuhmacher-Familie AUSCHNER sind wegen ihrer Verbrüderung mit der „Internationalen Bibelforschervereinigung" von Nazi-Gerichten verurteilt worden, der Bruder Kurt sogar zum Tode, weil er den Wehrdienst aus religiösen Gründen verweigert hatte.

Mit dem hier abgedruckten Kriegsgerichtsurteil ist aus demselben Grund auch das jüngste Familienmitglied, der erst 17jährige Rudolf zum Tode verurteilt worden; § 50 des Militärstrafgesetzbuches sah keine Strafmilderung für nicht volljährige Angeklagte vor.

Im Namen
des Deutschen Volkes!

Feldurteil

In der Strafsache gegen
    den Jäger Rudolf A u s c h n e r ,
    Stammkompanie Jäger-Ersatz-Bataillon 38, Glatz,
    geboren am 24. Dezember 1926 in Puschkau (Krs. Schweidnitz),
wegen Zersetzung der Wehrkraft
hat das Reichskriegsgericht, 4. Senat, in der Sitzung vom 31. Mai 1944,
an der teilgenommen haben
    als Richter:
        Senatspräsident Biron, Verhandlungsleiter,
        Generalleutnant Ritter von Mann,
        Generalleutnant Meissner,
        Luftwaffenchefrichter Schreiber,
        Oberst Matthey,
    als Vertreter der Anklage:
        Oberkriegsgerichtsrat Dr. Lennertz,
    als Urkundsbeamter:
        Heeresjustizinspektor Thurow,
für Recht erkannt:
    Der Angeklagte wird wegen Verweigerung des Wehrdienstes zum
Tode und zum dauernden Verlust der Ehrenrechte und zum Verlust der
Wehrwürdigkeit verurteilt.
    Von Rechts wegen.

Gründe

    Der Angeklagte ist am 24. Dezember 1926 in Puschkau (Krs. Schweid-
nitz) als Sohn eines Schuhmachers geboren. Sein Vater ist wegen Betätigung für 12 Bibelforscher durch Urteil des Sondergerichts Breslau
am 19. Dezember 1937 zu drei Jahren und 6 Monaten Gefängnis verurteilt worden; seit Verbüßung dieser Strafe befindet er sich im Konzen-
trationslager. Die Mutter des Angeklagten ist wegen Betätigung für die
Internationale Bibelforschervereinigung durch Urteil des Sondergerichts
Breslau vom 4. Februar 1938 zu drei Monaten Gefängnis verurteilt worden. Der ältere Bruder des Angeklagten, der ehemalige Reiter Kurt
Auschner, der ebenfalls überzeugter Bibelforscher gewesen ist, ist
durch das Urteil des Reichskriegsgerichts vom 27. Januar 1942 –
StPL (RKA) II 568/41 wegen Verweigerung des Wehrdienstes zum Tode
verurteilt und hingerichtet worden.

Der Angeklagte besuchte die Volksschule, wurde nach Beendigung seiner Lehrzeit als Steinmetz am 30. März 1944 zur Stammkompanie des Jäger-Ersatz-Bataillons 38 eingezogen. Bei der Einkleidung am nächsten Tage weigerte er sich, Wehrdienst zu leisten und sich einkleiden zu lassen, da er als Anhänger der Lehre der Ernsten Bibelforscher nicht den Fahneneid leisten und als Soldat kämpfen könne. Diese Weigerung wiederholte er vor dem Kompaniechef und zweimal vor dem Untersuchungsführer des Reichskriegsgerichts. Er hat auch in der Hauptverhandlung abgelehnt, seinen Pflichten als deutscher Soldat nachzukommen.

Der Angeklagte ist Reichsdeutscher und steht nach dem Erlaß des Wehrersatzamtes Abt: B (Id Nr. 9805/43 geh.) vom 5. November 1943 im wehrpflichtigen Alter. Er ist also zum Wehrdienst verpflichtet. Dessen ist er sich auch voll bewußt. Durch seine Weigerung hat er es daher unternommen, sich der Erfüllung des Wehrdienstes zu entziehen (Verbrechen nach § 5 Abs. 1 Ziff. 3 KSSVO). Tatsachen, die die strafrechtliche Verantwortung des Angeklagten ausschließen oder auch nur herabmindern könnten, liegen nicht vor.

Für seine strafrechtliche Verantwortlichkeit ist es auch ohne Bedeutung, daß er aus religiöser Überzeugung gehandelt hat (§ 48 KStGB).

Da es sich bei der von dem Angeklagten als Soldat begangenen Tat der Wehrdienstverweigerung um ein seinem Wesen nach militärisches Verbrechen handelt, müssen in Anwendung des § 50 MStGB die Vorschriften des Reichsjugendgerichtsgesetzes vom 6. November 1943 außer Betracht bleiben.

§ 5 Abs. 1 KSSVO droht grundsätzlich für alle Fälle der Wehrkraftzersetzung die Todesstrafe an. Nur in minder schweren Fällen kann nach § 5 Abs. 2 KSSVO auf Zuchthaus- oder Gefängnisstrafe erkannt werden. Ein minder schwerer Fall liegt jedoch nicht vor. Trotz seines jugendlichen Alters macht der Angeklagte einen gereiften und selbständigen Eindruck. Es ist nicht zu erwarten, daß er sich besinnen wird. Bei der Hartnäckigkeit und Unbelehrbarkeit, mit der er auf seinem ablehnenden Standpunkt verharrt, und bei der gefährlichen Werbekraft seines Verhaltens kommt gegen ihn nur die Todesstrafe in Betracht. Der Senat hat dementsprechend erkannt.

Die Verurteilung zum Verlust der Wehrwürdigkeit und der bürgerlichen Ehrenrechte beruht auf §§ 31 MStGB, 32 StGB.

Biron   Meissner   v. Mann   Schreiber   Matthey

Der Bäckermeistersohn Erich BARTHEL war schon 1937 wegen seiner Betätigung für die Ernsten Bibelforscher von einem Sondergericht zu vier Jahren Gefängnis verurteilt worden. Er blieb seinen religiösen Überzeugungen dennoch treu und verweigerte noch ein Jahr vor dem Ende des längst verlorenen Krieges den Wehrdienst; er war trotz seines schweren Augenleidens (Grüner Star) einberufen worden. Das Todesurteil liest sich wie ein Formular, es sind immer dieselben Sätze, die die Todesstrafe „begründen".

Im Namen
des Deutschen Volkes!

Feldurteil

In der Strafsache gegen
den Grenadier Erich B a r t h e l,
Stammkompanie Grenadier-Ersatz-Bataillon 102, Chemnitz,
wegen Wehrdienstverweigerung
hat das Reichskriegsgericht, 3. Senat, in der Sitzung vom 11. Juli 1944,
an der teilgenommen haben
als Richter:
Generalrichter beim Reichskriegsgericht Dr. Block,
Verhandlungsleiter,
Generalmajor Schroth,
Oberst Graf von Pfeil und Klein-Ellguth,
Oberst Matthey,
Oberkriegsgerichtsrat Zeitler,
als Vertreter der Anklage:
Oberkriegsgerichtsrat Hoefer,
als Urkundsbeamter:
Reichskriegsgerichtsoberinspektor Mohr,
für Recht erkannt:
Der Angeklagte wird wegen fortgesetzter Verweigerung des Wehr-
dienstes zum Tode, zum Verlust der Wehrwürdigkeit und zum dauern-
den Verlust der Ehrenrechte verurteilt.
Von Rechts wegen.

Gründe

I.

Der Angeklagte Erich B a r t h e l wurde am 17. 10. 1907 in Zwickau als
Sohn eines Bäckermeisters geboren. Von seinen beiden Brüdern ist der
eine Ende 1941 in Rußland gefallen. Der andere ist als Angehöriger der
Waffen-SS in Kroatien eingesetzt. Der Angeklagte besuchte acht Jahre
die Volksschule. Dann lernte er drei Jahre als Kaufmann. In der Folgezeit war er als Bürogehilfe und Reisender tätig.

Der Angeklagte wurde evangelisch getauft und erzogen. Im Jahre
1924 wurde er durch den Besuch von Vorträgen mit den Lehren der
Vereinigung Ernster Bibelforscher bekannt. Er trat daraufhin aus der
evangelischen Kirche aus und schloß sich der Vereinigung Ernster Bi-

belforscher an. Er betätigte sich auch noch für diese Vereinigung, nachdem sie im Jahre 1933 verboten worden war. Durch Urteil des Sondergerichts Freiberg, Abteilung Plauen, vom 9. 4. 1937 wurde er daher mit vier Jahren Gefängnis bestraft. Diese verbüßte er bis zum 9. 1. 1941. Bei seiner Entlassung aus der Strafhaft verpflichtete er sich, nicht mehr weiter für die Vereinigung Ernster Bibelforscher tätig zu sein.

Der Angeklagte ist ledig. Vorbestraft ist er abgesehen von der vorerwähnten Strafe nicht. Am 2. 5. 1944 wurde er in vorliegender Sache festgenommen.

II.

Der Angeklagte wurde am 26. 4. 1944 zur Stammkompanie Grenadier-Ersatz-Bataillon 102 eingezogen. Nach seiner Einkleidung übergab er seinem Kompanieführer eine schriftliche Erklärung, in der er ausführte, daß er Zeuge Jehovas sei und als solcher keinen Kriegsdienst leisten könne. Das verbiete ihm die Heilige Schrift. Er habe dem Einberufungsbefehl nur Folge geleistet, weil er mit Sicherheit angenommen habe, daß er auf Grund der Nachuntersuchung bei der Truppe wegen eines schweren Augenleidens wieder entlassen werde. Er sei nämlich wegen grünen Stars operiert worden. Wenn er auch den Kriegsdienst als solchen ablehne, so sei er doch bereit, im Wirtschaftsleben weiterhin mitzuarbeiten.

Bei der Vernehmung durch seinen Kompanieführer wiederholte er die Erklärung, daß er auf Grund seiner biblischen Überzeugung jeden Kriegsdienst ablehnen müsse. Deshalb weigere er sich auch, Uniform zu tragen, den Fahneneid zu leisten und Dienst bei dem Ersatzbataillon zu tun, da dieser Dienst nur der Vorbereitung zum Krieg diene.

Bei dieser Weigerung blieb er auch gegenüber dem Untersuchungsführer beim Reichskriegsgericht und bei Bekanntgabe der Anklageverfügung.

Auch in der Hauptverhandlung hielt er seine Weigerung, Wehrdienst zu leisten aufrecht.

III.

Der Angeklagte ist 36 Jahre alt und Reichsdeutscher. Nach §§ 1 und 4 des Wehrgesetzes ist er danach verpflichtet. Durch seine Einberufung ist er vom Gestellungstage an Soldat geworden (§ 21 Wehrgesetz). Er ist daher zur Ableistung des Wehrdienstes in jeder Form verpflichtet. Das war ihm auch bekannt. Durch seine wiederholte Weigerung, Wehrdienst irgendwelcher Art zu leisten, hat er es fortgesetzt unternommen, sich der Erfüllung des Wehrdienstes ganz zu entziehen. Daß er aus religiöser Überzeugung gehandelt hat, kann sein Verhalten nicht rechtfertigen (§ 48 Militärstrafgesetzbuch).

Er hat sich daher eines fortgesetzten Verbrechens der Zersetzung der Wehrkraft nach § 5 Absatz 1 Nummer 3 KSSVO schuldig gemacht.

§ 5 KSSVO bedroht das Verbrechen der Zersetzung der Wehrkraft grundsätzlich mit dem Tod. Auf Freiheitsstrafe kann nur beim Vorliegen eines minder schweren Falles erkannt werden.

Ein solcher kommt hier aber nicht in Frage. Der Angeklagte ist jeder Belehrung unzugänglich und verschließt sich jeder besseren Einsicht. Er beharrt hartnäckig bei seiner ablehnenden Einstellung gegenüber der Verpflichtung zum Wehrdienst. Bei dieser Einstellung des Angeklagten und bei der seinem Verhalten innewohnenden gefährlichen Werbekraft ist die härteste Strafe geboten.

Der Senat erkennt daher auf Tod.

Das Verhalten des Angeklagten ist ehrlos. Gemäß § 32 Strafgesetzbuch werden ihm daher die Ehrenrechte auf Lebenszeit aberkannt.

Nach § 31 Militärstrafgesetzbuch muß auf Verlust der Wehrwürdigkeit erkannt werden.

Block   Schroth   Graf Pfeil   Matthey   Zeitler

Der Präsident   Torgau, den 21. 7. 44
des Reichskriegsgerichts
als Gerichtsherr

Bestätigungsverfügung

Ich bestätige das Urteil.
Das Urteil ist zu vollstrecken.

Bastian
Admiral

Der 17jährige Elektriker Otto BRUSER aus Bremen war ein „selbstbewußter, strammer Soldat mit offenem, ehrlichen Charakter, guten Leistungen und guter Führung". So schilderte ihn sein Kompaniechef. Er wollte aber aus religiösen Gründen keinen Fahneneid leisten und keine Menschen töten. Daher wurde er am 23. März 1944, zunächst als „minder schwerer Fall", ‚nur' zu zehn Jahren Zuchthaus verurteilt.

Bereits zwei Tage später hob der Präsident des Reichskriegsgerichts Admiral Max Bastian das Urteil als zu milde auf. Die gehorsamen und keineswegs unabhängigen Richter verurteilten dann Bruser zum Tode. (Den Vorsitzenden Werner Lueben bedrängten angesichts seiner Unrechtstaten schließlich doch Gewissenskonflikte; er beging 1944 Selbstmord. Siehe auch die Vorbemerkung zum Fall Jägerstätter.)

Reichskriegsgericht

StPL $\dfrac{\text{2. Sen. 24/44}}{\text{RKA I 5/44}}$

Im Namen
des Deutschen Volkes!

Feldurteil

In der Strafsache gegen
den Grenadier Otto Bruser,
Stammkompanie Grenadier-Ersatz-Bataillon 209,
wegen Wehrdienstverweigerung (Zersetzung der Wehrkraft)
hat das Reichskriegsgericht, 2. Senat, in der Sitzung vom 25. Mai 1944,
an der teilgenommen haben
als Richter:
Senatspräsident Lueben, Verhandlungsleiter,
Vizeadmiral Arps,
Generalmajor Schroth,
Oberst Graf von Pfeil und Klein-Ellguth,
Oberstkriegsgerichtsrat Vollbrecht,
als Vertreter der Anklage:
Oberkriegsgerichtsrat Seyfarth,
als Urkundsbeamter:
Reichskriegsgerichtsoberinspektor Wagner,
für Recht erkannt:
Der Angeklagte wird wegen Verweigerung des Wehrdienstes zum
Tode und zum Verlust der Wehrwürdigkeit und der bürgerlichen Ehren-
rechte verurteilt.
Von Rechts wegen.

Gründe

1.) Der Angeklagte ist am 9. 5. 1926 in Bremen geboren. Sein Vater,
ein Wächter der Bremer Lagerhausgesellschaft, hat am Weltkrieg teilgenommen; er ist der Geheimen Staatspolizei als internationaler Bibelforscher bekannt. Der Angeklagte hat bis zum 14. Lebensjahr die
Volksschule besucht und ist dann Elektriker geworden. Die Gesellen-
prüfung hat er mit „gut" bestanden.

Der Angeklagte hat der Hitlerjugend angehört, aber nach seinen eigenen Angaben nicht aus freiem Willen, sondern weil er dazu befohlen
wurde. Im Jahre 1943 hat er seiner Arbeitsdienstpflicht genügt.

2.) Am 27. 11. wurde der Angeklagte zum 4. 12. 1943 durch das
Wehrmeldeamt Bremen I zum Wehrdienst einberufen. Er hat sich befehlsgemäß beim Grenadier-Ersatz-Bataillon 209 in Flensburg gemeldet

und dort bis zum 24. 12. 1943 Dienst getan. Er wird von seinem Kompanieführer als selbstbewußter, strammer Soldat mit offenem, ehrlichem Charakter, guten Leistungen und guter Führung beurteilt.

Als er am 24. 12. 1943 den Fahneneid leisten sollte, erklärte er, daß er aus religiöser Überzeugung weder den Fahneneid leisten noch Menschen töten könne; er sei jedoch bereit, jede andere Arbeit zum Wohle des Vaterlandes zu leisten. Hierbei ist er bei allen späteren Vernehmungen durch Vorgesetzte und Richter verblieben.

3.) Durch Urteil des 4. Senats des Reichskriegsgerichts vom 23. 3. 1944 ist der Angeklagte wegen Verweigerung des Wehrdienstes zu 10 Jahren Zuchthaus, zum Verlust der bürgerlichen Ehrenrechte auf 10 Jahre und zum Verlust der Wehrwürdigkeit verurteilt worden. Der Senat hat dabei einen minder schweren Fall angenommen, weil der Angeklagte in der Hauptverhandlung trotz einer zweifellos vorhandenen Intelligenz Unreife und kindlichen Eigensinn erkennen ließ und sich in seiner religiösen Einstellung offenbar von dem Einfluß seines Vaters nicht freimachen konnte. Der Senat hat zugleich die Erwartung ausgesprochen, daß der Angeklagte durch die Verhängung einer schweren Freiheitsstrafe und bei entsprechender Einflußnahme schon in absehbarer Zeit zur Erkenntnis seines Unrecht kommen werde.

Der Präsident des Reichskriegsgerichts hat das Urteil am 25. 3. 1944 aufgehoben und die Sache zur erneuten Verhandlung und Entscheidung an den 2. Senat verwiesen.

4.) Der Angeklagte ist Reichsdeutscher im wehrpflichtigen Alter. Er ist mit dem Tage seiner Einberufung Soldat geworden und ist verpflichtet, Wehrdienst zu leisten und die Waffen zu führen und auch befehlsgemäß zu gebrauchen. Er ist sich dieser Pflicht auch stets bewußt gewesen.

Da er diesen Wehrdienst seit dem 24. 12. 1943 und auch heute noch verweigert, hat er es fortgesetzt unternommen, sich der Erfüllung des Wehrdienstes zu entziehen (Verbrechen gegen § 5 Absatz 1 Nummer 3 KSSVO). Hieran ändert die Tatsache nichts, daß er sein Verhalten aus religiöser Überzeugung für geboten erachtet (§ 48 Militärstrafgesetzbuch). Auch sonst liegen keine Umstände vor, die seine strafrechtliche Verantwortlichkeit ausschließen oder auch nur herabmindern könnten.

5.) § 5 Absatz 1 KSSVO droht grundsätzlich für alle Fälle der Wehrkraftzersetzung die Todesstrafe an; nur in minder schweren Fällen kann auf Zuchthaus oder Gefängnis erkannt werden. Ein solcher Ausnahmefall liegt bei dem Angeklagten *jetzt nicht mehr* vor.

Der Angeklagte ist inzwischen 18 Jahre alt geworden. Er befindet sich seit dem 24. 12. 1943 in Haft, ist also seit 5 Monaten dem verderblichen Einfluß Gleichgesinnter entzogen. Trotzdem ist er bei seiner Weigerung geblieben. Weder das vor 2 Monaten gegen ihn erlassene Urteil noch die inzwischen mehrfach wiederholten eindringlichen Vorhaltungen haben ihn umzustimmen vermocht. Er hat also den in ihn gesetzten Erwartungen des 4. Senats nicht entsprochen. Es muß ihn infolgedessen jetzt die volle Schärfe des Gesetzes treffen.

Wer seinem Volk und Vaterland in schwerster Kriegszeit hartnäckig und unbelehrbar den Wehrdienst verweigert, hat sein Leben verwirkt; er ist ehrlos und wehrunwürdig. Der Senat hat demgemäß auf die Todesstrafe und die entsprechenden Ehrenstrafen erkannt (§ 5 Absatz 1 KSSVO, § 32 Strafgesetzbuch und § 31 Militärgesetzbuch).

Lueben   Arps   Schroth   Graf Pfeil   Vollbrecht

Der Präsident   Torgau, den 5. 6. 1944
des Reichskriegsgerichts
als Gerichtsherr

Bestätigungsverfügung

Ich bestätige das Urteil
Das Urteil ist zu vollstrecken.

Bastian
Admiral

Der Fall des am 9. August 1943 hingerichteten Franz JÄGER-STÄTTER erregte nach dem Krieg zunächst in den USA Aufsehen. Amerikanische Soldaten verweigerten im Vietnamkrieg (1960 bis 1973) unter Berufung auf Jägerstätter den Militärdienst. In der österreichischen Heimatgemeinde Jägerstätters, St. Radegund (Oberdonau), wird die konsequente Haltung des 37jährigen Bauern heute noch kritisiert, vor allem aus Kreisen von Hitlers Frontkämpfern, aber absurderweise auch von der katholischen Amtskirche. Noch nach der Kapitulation des Hitlerkriegsregimes erklärte der Bischof von Linz am 11. August 1945 in einem Brief an das Pfarramt St. Radegund: „Bei aller Achtung vor der subjektiven Haltung des Mannes (Jägerstätter, d.V.) kann er nicht als objektiv gültiges Vorbild für seine Haltung zur Militärpflicht hingestellt werden".[*]

Das Landgericht Berlin hat das Reichskriegsgerichtsurteil erst am 7. Mai 1997 aufgehoben (AZ 517. AR 2/97 – 2 P Aufh. 1/97).

Der Vorsitzende im Jägerstätter-Kriegsgerichts-Prozeß, Reichskriegsgerichtsrat Werner Lueben, hatte sich 1944 das Leben genommen, der Wiener Erzbischof Christoph Schönborn führt das in seinen Publikationen über Jägerstätter auf den Gewissenskonflikt des Richters zurück. Lueben weigerte sich, ein Todesurteil gegen drei Priester zu unterschreiben, das gegen seine Stimme zustandegekommen war, und brachte sich deshalb um. Das berichtete sein Sohn Claus Lueben in der ARD-Sendung vom 21. April 1998.

[*] Vgl. PUTZ, Erna: *Franz Jägerstätter ... besser die Hände als der Wille gefesselt*. Grünbach: Edition Geschichte der Heimat, 1997.

Im Namen
des Deutschen Volkes!

Feldurteil

In der Strafsache gegen
den Kraftfaher Franz Jägerstätter,
Stammkompanie der Kraftfahr-Ersatzabteilung 17 in Enns,
geboren am 20. 5. 1907 in Radegund (Oberdonau),
z. Zt. im Wehrmachtuntersuchungsgefängnis Berlin-Tegel in Haft
wegen Zersetzung der Wehrkraft
hat das Reichskriegsgericht, 2. Senat, in der Sitzung vom 6. Juli 1943,
an der teilgenommen haben
als Richter:
Reichskriegsgerichtsrat Lueben, Verhandlungsleiter,
General der Flieger Musshoff,
Vizeadmiral Arps,
Generalmajor Schreiber,
Oberkriegsgerichtsrat Ranft,
als Vertreter der Anklage:
Oberkriegsgerichtsrat Dr. Kleint,
als Urkundsbeamter:
Reichskriegsgerichtsoberinspektor Wagner,
für Recht erkannt:
Der Angeklagte wird wegen Zersetzung der Wehrkraft zum Tode und
zum Verlust der Wehrwürdigkeit und der bürgerlichen Ehrenrechte
verurteilt.
Von Rechts wegen.

Gründe

I.

Der Angeklagte Franz Jägerstätter wurde am 20. Mai 1907 in Rade-
gund (Oberdonau) als Sohn eines Landwirts geboren. Nach 8 jährigem
Besuch der Volksschule arbeitete er in der Landwirtschaft und im
Bergbau. Er ist Eigentümer eines Landgutes in der Größe von 18 Joch.
Er ist verheiratet und Vater von drei Kindern im Alter von drei bis sechs
Jahren.

Am 17. Juni 1940 wurde er zum aktiven Wehrdienst nach Braunau am Inn eingezogen, auf den Führer und Obersten Befehlshaber der Wehrmacht vereidigt, aber nach einigen Tagen wieder uk.-gestellt (unabkömmlich) und entlassen. Am 5. Oktober 1940 wurde er erneut zur 4. Kraftfahr-Ersatzabteilung 17 nach Enns einbezogen und nach abgeschlossener Grundausbildung am 6. Dezember 1940 zur 100. I. D. versetzt. Am 9. April 1941 wurde er auf Grund eines Antrages seiner Heimatgemeinde wiederum als unabkömmlich zur Bewirtschaftung seines Gutes entlassen.

Der Angeklagte ist deutscher Staatsangehöriger, römisch-katholischen Bekenntnisses, hat seinen Wohnsitz in Radegund (Oberdonau) und ist wegen Raufhandels mit drei Tagen Arrest vorbestraft. Eine Beurteilung durch seine militärischen Vorgesetzten liegt nicht vor. Er ist weder Mitglied der Partei noch einer ihrer Gliederungen.

Er wurde am 2. März 1943 festgenommen und befindet sich auf Grund des Haftbefehls des Gerichts der Division Nr. 487 vom 10. März 1943 in Untersuchungshaft.

II.

Im Februar 1943 wurde der Angeklagte durch schriftlichen Befehl für den 25. Februar 1943 zum aktiven Wehrdienst erneut zur Kraftfahr-Ersatzabteilung 17 nach Enns einberufen. Er leistete der Einberufung zunächst keine Folge, weil er den Nationalsozialismus ablehnt und deshalb keinen Wehrdienst leisten will. Auf Drängen seiner Familienangehörigen und auf das Zureden seines Ortspfarrers meldete er sich schließlich am 1. März 1943 bei der Stammkompanie Kraftfahr-Ersatzabteilung 17 in Enns, erklärte aber sofort, daß er auf Grund seiner religiösen Einstellung den Wehrdienst mit der Waffe ablehne. Bei seiner Vernehmung durch den Gerichtsoffizier blieb er trotz eingehender Belehrung und Hinweises auf die Folgen seines Verhaltens bei seiner ablehnenden Haltung. Er erklärte, daß er gegen sein religiöses Gewissen handeln würde, wenn er für den nationalsozialistischen Staat kämpfen würde. Diese ablehnende Haltung nahm er auch bei seiner Vernehmung durch den Untersuchungsführer des Gerichts der Division Nr. 487 in Linz und durch den Vertreter der Reichskriegsanwaltschaft ein. Er erklärte sich jedoch bereit, als Sanitätssoldat aus christlicher Nächstenliebe Dienst zu tun. In der Hauptverhandlung wiederholte er seine Erklärungen und fügte hinzu: Er sei erst im Laufe des letzten Jahres zu der Überzeugung gelangt, daß er als gläubiger Katholik keinen Wehrdienst leisten dürfe; er könne nicht gleichzeitig Nationalsozialist und Katholik sein; das sei unmöglich. Wenn er den früheren Einberufungsbefehlen Folge geleistet habe, so habe er es getan, weil er es damals für Sünde angesehen habe, den Befehlen des Staates nicht zu gehorchen; jetzt habe Gott ihm den Gedanken gegeben, daß es keine Sünde sei, den Dienst mit der Waffe zu verweigern; es gebe Dinge, wo man Gott mehr gehorchen müsse als den Menschen; auf Grund des Gebotes „Du sollst Deinen Nächsten lieben wie Dich selbst" dürfe er nicht mit der Waffe kämpfen. Er sei jedoch bereit, als Sanitätssoldat Dienst zu leisten.

Diese Feststellungen beruhen auf den eigenen glaubhaften Angaben des Angeklagten, der im vollen Umfange geständig ist, sowie auf dem gemäß § 60 Kriegstrafverfahrensordnung verwerteten Ergebnissen des Ermittlungsverfahrens.

III.

Als deutscher Staatsangehöriger ist der Angeklagte, der sich im wehrdienstfähigen Alter befindet, wehrpflichtig. Mit dem Tage seiner Einberufung ist er Soldat geworden. Dadurch, daß er der Einberufung nicht sofort, sondern erst nach einer Woche nachkam und daß er es auch danach ablehnte, den geforderten Dienst mit der Waffe zu leisten, hat er es unternommen, sich dem Wehrdienst zu entziehen. Er hat sich dadurch der Zersetzung der Wehrkraft schuldig gemacht und ist deshalb gemäß § 5 Abs. 1 Ziffer 5 KSSVO zu bestrafen. Die Strafbarkeit seiner Handlungen wird nicht dadurch ausgeschlossen, daß er sein Verhalten nach seinem Gewissen und seiner religiösen Überzeugung für geboten erachtet (§ 48 MStGB). Anhaltspunkte dafür, daß er für sein Verhalten nicht verantwortlich sei, sind nicht gegeben. Nach dem Gutachten des Truppenarztes Oberstabsarzt Dr. Nitze vom Wehrmachtuntersuchungsgefängnis Berlin-Tegel ist der Angeklagte völlig normal, so daß an seiner Zurechnungsfähigkeit nicht zu zweifeln ist. Fälle von Geistes- oder Erbkrankheiten sind in seiner Familie nicht festgestellt worden.

IV.

Das Verbrechen der Zersetzung der Wehrkraft ist mit dem Tode bedroht. Nur in minder schweren Fällen kann auf Zuchthaus oder Gefängnis erkannt werden. Ein solcher minder schwerer Fall ist nicht gegeben. Der Angeklagte war bereits sechs Monate Soldat, hat den Fahneneid auf den Führer und Obersten Befehlshaber der Wehrmacht geleistet und ist während seiner Dienstzeit über die Pflichten des deutschen Soldaten hinreichend belehrt worden. Gleichzeitig lehnt er es hartnäckig trotz Hinweises auf die Folgen seines Verhaltens aus persönlichen Gründen ab, in Deutschlands schwerem Daseinskampf seine vaterländische Pflicht als Soldat zu erfüllen. Danach ist auf die Todesstrafe zu erkennen.

Die Verurteilung zum Tode hat gemäß § 31 Ziffer 1 MStGB den Verlust der Wehrwürdigkeit zur Folge. Da der Angeklagte sich durch sein Verhalten als ehrlos erwiesen hat, werden ihm gemäß § 32 die bürgerlichen Ehrenrechte aberkannt.

Lueben   Musshoff   Arps   Schreiber   Ranft

Der Präsident
des Reichskriegsgerichts
als Gerichtsherr
StPL (RKA) I 98/43

Berlin, den 14. 7. 1943

Ich bestätige das Urteil.
Das Urteil ist zu vollstrecken.

Bastian
Admiral

Franz Jägerstätter, geb. 20. 5. 1907
hingerichtet am 9. 8. 1943

Werner Lueben, Senatspräsident am
Reichskriegsgericht, Selbstmord 1944

Als der Vater Gerhard LIEBOLDS am 9. Mai 1941 hingerichtet wurde – er hatte den Wehrdienst aus religiösen Gründen verweigert –, wirkte das auf den Sohn keineswegs abschreckend. Seine Überzeugung, daß die Bibel Fahneneid und „Waffengebrauch im Wehrdienst" verbiete, vertiefte sich sogar noch. So wurde auch er, erst 20 Jahr alt, am 2. April 1943 vom Reichskriegsgericht unter Vorsitz von Dr. Alexander Kraell zum Tode verurteilt.

Von den durchweg verlogenen Sätzen in solchen Todesurteilen fällt in der konkreten Urteilsbegründung als besonders widerlich der Satz auf, daß – und das noch drei Monate nach der kriegsentscheidenden Vernichtung der 6. Armee bei Stalingrad! – „jeder anständige wehrpflichtige Deutsche freudig sein Letztes für sein Vaterland hingibt".

Dr. Alexander Kraell
Senatspräsident am Reichskriegsgericht

Im Namen
des Deutschen Volkes!

Feldurteil

In der Strafsache gegen
    den Gärtner Gerhard Liebold
wegen Zersetzung der Wehrkraft
hat das Reichskriegsgericht, 2. Senat, in der Sitzung vom 2. April 1943,
an der teilgenommen haben
    als Richter:
        Senatspräsident Dr. Kraell, Verhandlungsleiter,
        Generalleutnant Arps,
        Generalleutnant Bertram,
        Reichskriegsgerichtsrat Dr. Ernst,
        Oberst Dautwiz,
    als Vertreter der Anklage:
        Kriegsgerichtsrat Dr. Lenski,
    als Urkundsbeamter:
        Heeresjustizinspektor Bonnet,
für Recht erkannt:

Der Angeklagte wird wegen Zersetzung der Wehrkraft zum Tode,
zum Verlust der Wehrwürdigkeit und zum dauernden Verlust der bürgerlichen Ehrenrechte verurteilt.

Von Rechts wegen.

Gründe

I.

Der Angeklagte ist am 12. 6. 1922 in Trünzig, Kreis Werdau in Sach-
sen, als Sohn des Formers Kurt Liebold und seiner Ehefrau Margarete
geborene Scherer geboren. Er besuchte die Volksschule in Cossen-
grün, die er Ostern 1937 verließ. Darauf erlernte er in Plauen den Gärt-
nerberuf und bestand Ostern 1940 die Gehilfenprüfung. Bis Ende September 1941 arbeitete er bei seinem bisherigen Lehrherrn in Plauen.

Im Jahre 1937 trat er der Hitler-Jugend bei, kümmerte sich jedoch
von Mai 1941 ab nicht mehr um seine Mitgliedschaft.

Der Angeklagte ist Reichsdeutscher und nicht vorbestraft. Er war früher evangelisch; jetzt bezeichnet er sich als gottgläubig.

II.

Seit etwa 1932 oder 1933 hatte sich der Vater des Angeklagten mit der Lehre der Internationalen Bibelforscher beschäftigt und war deren überzeugter Anhänger geworden, wie auch seine Ehefrau sich dieser Lehre zuwandte. Nachdem er schon im Jahre 1937 vom Sondergericht in Weimar wegen Betätigung für die verbotene Internationale Bibelforschervereinigung zu einem Jahr sechs Monaten Gefängnis verurteilt worden war, verurteilte ihn das Reichskriegsgericht am 4. 4. 1941 wegen Zersetzung der Wehrkraft zum Tode, weil er sich unter Berufung auf seinen Glauben weigerte, Wehrdienst zu leisten. Er wurde am 9. Mai 1941 hingerichtet.

Durch seine Eltern kam auch der Angeklagte in Berührung mit der Lehre der Bibelforscher, will ihr jedoch zunächst kein besonderes Interesse entgegegebracht haben. Erst nach der Hinrichtung seines Vaters will er sich näher mit dieser Lehre beschäftigt haben, um sich selbst ein Urteil darüber zu bilden, ob sein Vater recht gehandelt habe. Außer der Bibel selbst las er auch Bibelforscherschriften. Dieses Studium brachte ihn zu der Überzeugung, daß die Bibel sowohl die Leistung des Fahneneides wie auch den Waffengebrauch im Wehrdienst verbiete.

Ende September 1941 erhielt der Angeklagte einen Einberufungsbefehl, wonach er sich am 1. 10. 1941 beim Flak-Regiment II in Chemnitz zu melden hatte. Er leistete dem Gestellungsbefehl jedoch keine Folge, fuhr vielmehr am 1. 10. 1941 nach Berlin und kam durch Vermittlung Bekannter bei dem Gärtner Muss in Spandau, einem Glaubensgenossen, unter. Dort hielt er sich bis zu seiner Festnahme am 28. 12. 1942 verborgen. Bei Muss traf er mit mehreren anderen Glaubensgenossen zusammen, ließ auch mehrfach seine Freundin aus Plauen dorthin kommen. Mit ihr und seinen Freunden besuchte er Vergnügungsstätten wie die Scala und den Wintergarten. An dem Abend, der für den Besuch des Admiralspalastes vorgesehen war, wurde er verhaftet.

III.

Diese Feststellungen beruhen auf dem Geständnis des Angeklagten in Verbindung mit dem gemäß § 60 Kriegsstrafverfahrensordnung verwerteten Ergebnis des Ermittlungsverfahrens. Der Angeklagte hat sowohl in seiner Vernehmung vor der Geheimen Staatspolizei wie auch gegenüber dem Vertreter der Reichskriegsanwaltschaft und in der Hauptverhandlung erklärt, er lehne es auf Grund seiner religiösen Überzeugung ab, den Fahneneid zu leisten und Wehrdienst zu tun. Bei dieser Weigerung ist der Angeklagte trotz aller Vorhalte geblieben.

IV.

Der Angeklagte ist 20 Jahre alt, Reichsdeutscher und daher wehrpflichtig (§§ 1 und 4 Wehrgesetz). Durch die ordnungsmäßige Einberufung zum aktiven Wehrdienst ist er mit Beginn des Gestellungstags, dem 1. 10. 1941, Soldat geworden. Durch seine Weigerung, Wehrdienst zu leisten, hat er es unternommen, sich der Erfüllung des Wehrdienstes ganz zu entziehen und sich damit eines Verbrechens der Zersetzung der Wehrkraft im Sinne des § 5 Absatz 1 Ziffer 3 Kriegssonderstrafrechtsverordnung schuldig gemacht. Daß der Angeklagte hierbei aus religiöser Überzeugung gehandelt hat, schließt seine Schuld im Rechtssinne nicht aus (§ 48 Militärstrafgesetzbuch).

V.

Nach der angeführten Gesetzesvorschrift wird die Zersetzung der Wehrkraft grundsätzlich mit dem Tode bestraft. Nur wenn ein minder schwerer Fall vorliegt, kann auf Zuchthaus- oder Gefängnisstrafe erkannt werden.

Der Senat hat die Annahme eines minder schweren Falles abgelehnt. Der Angeklagte, ein gesunder junger Mensch, hat sich in einer Zeit, wo jeder anständige wehrpflichtige Deutsche freudig sein Letztes für sein Vaterland hingibt, 1 ¼ Jahre in der Heimat verborgen gehalten, zeitweise mit seiner Freundin zusammengelebt und häufig Vergnügungstätten aufgesucht. Er hat sich mit großer Hartnäckigkeit seiner Treuepflicht gegenüber seinem Vaterland im Kriege entzogen. Damit hat er sich selbst aus der Volksgemeinschaft ausgeschlossen. Gegen Menschen seines Schlages muß die ganze Schärfe des Gesetzes angewandt werden.

Der Senat hat deshalb auf die Todesstrafe erkannt.

Die Verurteilung zum Verlust der Wehrwürdigkeit beruht auf § 31 Militärstrafgesetzbuch, die Aberkennung der bürgerlichen Ehrenrechte rechtfertigt sich aus § 32 Reichsstrafgesetzbuch.

Dr. Kraell   Arps   Bertram   Dr. Ernst

zugleich für den durch Abwesenheit verhinderten Oberst Dautwiz

Der Pallottiner-Pater Franz Dionysius REINISCH hatte (entgegen dem Rat seiner kirchlichen Oberen) den Wehrdienst verweigert. Das Todesurteil des NS-Reichskriegsgerichts wurde am 21. August 1942 in Brandenburg vollstreckt. Erst am 13. September 1991 bescheinigte der Leitende Oberstaatsanwalt beim Landgericht Schweinfurt, wo Pater Josef Danko SAC (Societas Apostolatus Catholici) aus Friedberg einen entsprechenden Antrag gestellt hatte, der Gesellschaft des Katholischen Apostolates der Süddeutschen Pallottinerprovinz, daß das Todesurteil, „ohne daß es einer gerichtlichen Entscheidung bedarf, aufgehoben ist".*

Pallottiner-Pater Franz Dionysius Reinisch,
geb. 1. 2. 1903, hingerichtet 21. 8. 1942

* Vgl. KEMPNER, Benedicta Maria: *Priester vor Hitlers Tribunalen.* München: Rütten & Loening Verlag. 1966. Ausführliche Dokumentation mit 14 Illustrationen zum 50. Todestag des Paters Reinisch (1992): *Widerstand aus dem Glauben,* Hg. Pronvinzialrat der Süddeutschen Pallottinerprovinz i. Friedberg, verantwortlich Pater Provinzial Josef Danko SAC. Dazu ein reich illustrierter Sonderdruck der Monatsschrift „Katholisches Apostolat" 6/92.

Im Namen
des Deutschen Volkes!

Feldurteil

In der Strafsache gegen
 den Soldaten *Franz* Dionysius Reinisch,
 3./Sanitäts-Ersatz-Abteilung 13 in Bad Kissingen,
wegen Zersetzung der Wehrkraft
hat das Reichskriegsgericht, 3. Senat, in der Sitzung vom 7. Juli 1942,
an der teilgenommen haben
 als Richter:
  Senatspräsident Dr. Schmauser, Verhandlungsleiter,
  Generalleutnant Meyer-Rabingen,
  Generalmajor Bertram,
  Oberst von Limburg,
  Oberkriegsgerichtsrat Stutzer,
 als Vertreter der Anklage:
  Oberkriegsgerichtsrat Bahn,
 als Urkundsbeamter:
  Reichskriegsgerichtoberinspektor Mohr,
für Recht erkannt:
 Der Angeklagte wird wegen Zersetzung der Wehrkraft zum Tode,
zum dauernden Verlust der bürgerlichen Ehrenrechte und zum Verlust
der Wehrwürdigkeit verurteilt.
 Von Rechts wegen.

Gründe

I.

 Der Angeklagte ist am 1. 2. 1903 in Feldkirchen, Vorarlberg, als Sohn
eines Hofrats geboren. Geistes- oder Nervenkrankheiten sind, soweit
festgestellt werden konnte, in seiner Familie nicht vorgekommen. Er
besuchte die Volksschule und anschließend bis 1922 das humanisti-
sche Gymnasium. Danach studierte er an den Universitäten Innsbruck
und Kiel ein Jahr Rechtswissenschaften, sodann in Innsbruck zwei
Jahre Philosophie und schließlich auf dem Priesterseminar in Brixen
drei Jahre Theologie. Im Mai 1928 erhielt er die Sub-Diakonatsweihe
und im Juni 1928 in Innsbruck die Priesterweihe. Noch im selben Jahr
trat er der Weltpriestergemeinschaft der Pallottiner bei. Er wurde mit
Vertretungen und Aushilfen beauftragt. Von 1930 bis 1932 hielt er auch

philosophische Vorlesungen in einem Noviziat der Gemeinschaft. Am 12. 9. 1940 erließ das Reichssicherheitshauptamt gegen ihn ein Redeverbot für das gesamte Reichsgebiet, weil er im April 1940 bei einem Abendvortrag staatsabträgliche Äußerungen getan hatte. Seitdem las er nur noch Messen und hörte Beichten. Ihm war kein Seelsorgerbezirk zur selbständigen Betreuung übertragen. Gerichtlich ist er nicht bestraft.

II.

Am 8. 4. 1942 erhielt der Angeklagte einen Gestellungsbefehl, nach dem er sich am 14. 4. 1942 bei der Sanitäts-Ersatz-Abteilung 13 in Bad Kissingen einzufinden hatte. Seit 1 ½ Jahr hatte er mit der Möglichkeit seiner Einberufung gerechnet. Er hatte sich entschlossen, im Fall seiner Einziehung keinen Wehrdienst zu leisten. In einem Schreiben vom 9. 4. 1942 teilte er seinem kirchlichen Vorgesetzten, dem Provinzial Frank, mit, daß er den Gestellungsbefehl erhalten habe und bei seinem Entschluß verbleibe, auch wenn er daraufhin aus der Gemeinschaft der Pallottiner ausgeschlossen werde. Um von vornherein zu zeigen, daß er mit dem Gestellungsbefehl nicht einverstanden sei, meldete er sich erst am 15. 4. 1942 am Gestellungsort. Er wurde der 3. Kompanie zugeteilt. Wegen seiner Verspätung fragte ihn der Hauptfeldwebel, ob er keinen Wert darauf lege, Soldat zu werden. Er erwiderte, daß er Wert darauf legen würde, wenn das gegenwärtige Regime nicht am Ruder wäre. Nach seiner Einkleidung wurde er daraufhin festgenommen.

Bei seiner Vernehmung durch den Gerichtsoffizier erklärte er, er verweigere den Fahneneid gegenüber dem, der die Einrichtung des Reichssicherheitshauptamtes geschaffen habe. Das sei seine Antwort auf das ihm erteilte Redeverbot. Die deutsche Wehrmacht achte und ehre er. Er bedaure aber, daß sie von der Nationalsozialistischen Partei mißbraucht werde. Die Liebe zum Deutschen Volk und besonders zu seiner Heimat Tirol zwinge ihn, gegen den Nationalbolschewismus in der Heimat bis zur Lebenshingabe zu kämpfen.

Den gleichen Standpunkt vertrat er bei seinen richterlichen Vernehmungen vom 22. 4. und 12. 5. 1942 sowie auch in der Hauptverhandlung. Er verblieb bei seiner Weigerung, den Fahneneid zu schwören und Wehrdienst zu leisten. Als Begründung seines Verhaltens erklärte er noch: Dadurch, daß die Priesterseminare in Trier und Köln von der Geheimen Staatspolizei als staatsfeindliche Einrichtungen aufgehoben worden seien, sei jeder Priester grundsätzlich zum Staatsfeind erklärt worden. Von einem Staatsfeind aber könne man nicht verlangen, daß er für das gegenwärtige Regime Wehrdienst leiste. Für jedes andere Regime sei er bereit, zur Verteidigung des Vaterlandes den Fahneneid zu leisten.

Dieser Sachverhalt ist auf Grund der Angaben des Angeklagten in Verbindung mit dem nach § 60 Absatz 2 Kriegsstrafverfahrensordnung. verwerteten Ergebnis des Verfahrens als erwiesen festgestellt worden.

Der Angeklagte ist 40 Jahre alt. Als Reichsdeutscher ist er daher nach § 1, 4 des Wehrgesetzes wehrpflichtig. Durch seine Einberufung ist er vom Gestellungstag (14. 4. 1942) an Soldat geworden (§ 21 Wehrgesetz). § 14 Nummer 2 Wehrgesetz bestimmt zwar, daß die Wehrpflichtigen römisch-katholischen Bekenntnisses, die die Sub-Diakonatsweihe erhalten haben, zum Wehrdienst nicht herangezogen werden dürfen. Nach § 6 Wehrgesetz kann aber der Reichskriegsminister – jetzt der Chef des Oberkommandos der Wehrmacht (Erlaß des Führers über die Führung der Wehrmacht vom 4. 2. 1938, Reichsgesetzblatt I S. 111) – im Kriege den Kreis der für die Erfüllung der Wehrpflicht in Betracht kommenden Männer erweitern. Durch Erlaß des Oberkommandos der Wehrmacht vom 14. 10. 1939 Aktenzeichen 12 i 10.24 AHA/Ag/E(Ia) – Nummer 3325/39 geh. ist der Kreis der nach § 14 Nummer 2 Wehrgesetz von der Heranziehung zum Wehrdienst befreiten katholischen Geistlichen beschränkt worden auf bestimmte, in der Diözesanverwaltung beschäftigte Geistliche, insbesondere auf die Seelsorger, denen ein Seelsorgerbezirk zur selbständigen Betreuung übertragen worden ist. Der Angeklagte gehört nicht zu den hiernach noch von der Heranziehung zum Wehrdienst befreiten Personen; ihm ist kein Seelsorgerbezirk zur selbständigen Betreuung übertragen worden. Die übrigen katholischen Geistlichen stehen nach dem genannten Erlaß für eine Heranziehung zum Sanitätsdienst zur Verfügung. Der Angeklagte ist daher zu Recht zur Wehrmacht eingezogen worden und nach den Gesetzen des Staats zum aktiven Sanitätsdienst verpflichtet. Dazu gehört auch die Leistung des Fahneneides. Das ist und war ihm, wie er zugibt, bekannt.

Durch seine Weigerung, den Fahneneid zu schwören und Dienst als Sanitätssoldat zu leisten, hat er es somit fortgesetzt unternommen, sich der Erfüllung des Wehrdienstes zu entziehen. Nach dem schriftlichen Gutachten des Oberfeldarztes Dr. Schmidt, dem sich der Senat auf Grund des in der Hauptverhandlung gewonnenen persönlichen Eindrucks anschließt, ist der Angeklagte für seine Tat im Sinn des § 51 Strafgesetzbuch voll verantwortlich. Er ist daher wegen eines fortgesetzten Verbrechens der Zersetzung der Wehrkraft nach § 5, Absatz 1 Nummer 3 Kriegssonderstrafrechtsverordnung zu bestrafen.

Diese Gesetzesbestimmung droht grundsätzlich die Todesstrafe an. Nur wenn ein minder schwerer Fall vorliegt, kann auf Zuchthaus- oder Gefängnisstrafe erkannt werden. Ein solcher Fall ist hier nicht gegeben. Der Angeklagte verharrt trotz aller Belehrungen auf seinem Standpunkt. Aus einer persönlichen Einstellung heraus lehnt er es ab, dem deutschen Volk in seinem Daseinskampf die Treue zu halten. Er setzt sich daher bewußt in Gegensatz nicht nur zu Volk und Staat, sondern übrigens sogar auch zu seinen kirchlichen Oberen. Hinzu kommt, daß die Hartnäckigkeit der Tat geeignet ist, eine für das Wohl des Reichs gefährliche Werbekraft auszuüben. Hier kann nur die härteste Strafe den

Strafzweck erfüllen. Der Senat erkennt daher gegen den Angeklagten auf Tod.

Wehrdienst ist Ehrendienst am deutschen Volk. Da der Angeklagte sich weigert, die Ehrenpflicht eines Deutschen zu erfüllen, werden ihm nach § 32 Strafgesetzbuch auch die bürgerlichen Ehrenrechte auf Lebenszeit aberkannt. Der Ausspruch der Wehrunwürdigkeit beruht auf § 31 Militärstrafgesetzbuch.

Schmauser   Meyer-Rabingen   Bertram   v. Limburg   Stutzer

Der Bergmannssohn Franz SAUMER aus dem Sudetenland war wegen seiner Tätigkeit für die Ernsten Bibelforscher vom Schwurgericht Düsseldorf im Dezember 1940 zu sechs Monaten Gefängnis verurteilt worden und wurde anschließend noch zwei Monate „in Schutzhaft gehalten". Konsequent zu seiner Überzeugung stehend, verweigerte er im September 1943 aus religiösen Gründen den Wehrdienst. Zwar war der Krieg damals bereits verloren, aber dennoch wurde auch er im Januar 1944 zum Tode verurteilt.

Sind auch die Urteilsbegründungen in der Regel ziemlich formelhaft, so verdienen im konkreten Fall zwei Argumente besondere Aufmerksamkeit: „Das durch die Gestellungspflicht begründete Wehrdienstverhältnis wird durch etwaige Wehrdienstunfähigkeit nicht berührt".

Hinter dieser Aussage verbirgt sich eine bemerkenswerte Infamie. Saumer war nämlich schwerhörig und hätte zumindest untersucht werden müssen; es ist nicht auszuschließen, daß er wegen dieser Behinderung gar nicht hätte eingezogen werden dürfen. Ein zweiter Hinweis des Gerichts, das dem Verhalten Saumers eine „innewohnende gefährliche Werbekraft" unterstellt, zeigt, daß man sich bewußt war, daß eine Strafwirkung – nämlich die der Abschreckung auf potentielle Nachahmer – überhaupt nicht zu erreichen war.

Im Namen
des Deutschen Volkes!

Feldurteil

In der Strafsache gegen
  den Schützen Franz Saumer
  von der 4./Landesschützen-Ersatz-und Ausbildungs-Bataillon 6,
wegen Zersetzung der Wehrkraft
hat das Reichskriegsgericht, 2. Senat, in der Sitzung vom 4. Januar 1944,
an der teilgenommen haben
 als Richter:
  Reichskriegsgerichtsrat Lueben, Verhandlungsleiter,
  Vizeadmiral Arps,
  Generalmajor Schöbel,
  Oberst Graf von Pfeil und Klein-Ellguth,
  Oberkriegsgerichtsrat Vollbrecht,
 als Vertreter der Anklage:
  Oberkriegsgerichtsrat Seyfarth,
 als Urkundsbeamter:
  Reichskriegsgerichtsoberinspektor Wagner,
für Recht erkannt:
 Der Angeklagte wird wegen Zersetzung der Wehrkraft zum Tode sowie zum Verlust der bürgerlichen Ehrenrechte und der Wehrwürdigkeit verurteilt.
 Von Rechts wegen.

Gründe

I.

 Der Angeklagte ist am 30. 9. 1899 als Sohn des Bergmannes Franz Saumer und dessen Ehefrau Maria geborene Dekan in Schmidhäuser, Bezirk Kalschin/Sudetenland, geboren. Im Jahre 1906 verzogen die Eltern des Angeklagten mit den Kindern nach Moers im Rheinland. Der Angeklagte besuchte hier die Volksschule bis zum Jahre 1913. Nach der Schulentlassung fand er Arbeit im Bergbau bis zum Jahre 1930. Nachdem er sodann sechs Jahre lang bis 1936 arbeitslos gewesen war, erhielt er nunmehr Arbeit in der Landwirtschaft.
 Der Angeklagte hat sich seit dem Jahre 1930 mit der Literatur der Internationalen Vereinigung Ernster Bibelforscher beschäftigt und wurde Mitglied dieser Vereinigung. Er hat sich auch in der Folgezeit trotz

Verbots dieser Vereinigung noch in ihr betätigt. Er ist deshalb durch Urteil des Sondergerichts Düsseldorf vom 11. 12. 1940 zu sechs Monaten Gefängnis verurteilt worden. Nach Verbüßung der Strafe wurde er noch zwei Monate in Schutzhaft gehalten. Vor seiner Entlassung aus der Schutzhaft hat er eine schriftliche Erklärung dahin abgegeben, daß er sich künftig von jeder Betätigung als Bilbelforscher fernhalten werde.

II.

Der Angeklagte wurde im September 1943 zum Wehrdienst einberufen mit der Auflage, sich am 29. 9. 1943 bei dem Landesschützen-Ersatz- und Ausbildungs-Bataillon 6 in Osnabrück zu melden. Er hat sich befehlsgemäß bei der Truppe gemeldet, jedoch am folgenden Tage erklärt, daß er jeden Wehrdienst ablehne. In seiner schriftlichen Eingabe vom 30. 9. 1943 hat er folgendes ausgeführt: „Ich verweigere die Militärdienstpflicht aus dem Grunde, weil ich ein Zeuge für den Namen Jehova bin und mich verpflichtet habe, die Göttlichen Gesetze zu respektieren und mich vor der Welt neutral zu verhalten; es steht geschrieben, Du sollst nicht töten."

Bei dieser Verweigerung des Wehrdienstes ist der Angeklagte sowohl bei seiner Vernehmung durch seinen Kompaniechef wie auch durch den Untersuchungsführer des Reichskriegsgerichts geblieben, obwohl er über die Folgen seines Verhaltens belehrt worden ist. Er hat dabei erneut zum Ausdruck gebracht, daß er es mit seinem Gewissen nicht vereinbaren könne, Wehrdienst zu leisten. Auch in der Hauptverhandlung vor dem Reichskriegsgericht ist der Angeklagte auf diesem Standpunkt verharrt. Er zeigte sich auch hier allen Belehrungen gegenüber, ihn zu einer anderen Auffassung zu bekehren, völlig unzugänglich; er erklärte, daß er den Wehrdienst in jeder Form ablehne. In seinem Schlußwort führte der Angeklagte aus, daß er den Wunsch habe, aus dieser Volksgemeinschaft auszuscheiden; deshalb wolle er sich auch nicht verteidigen.

III.

Der Angeklagte ist als Reichsdeutscher wehrpflichtig. Durch seine Einberufung ist er vom Gestellungstage an Soldat geworden (§ 21 des Wehrgesetzes). Er ist deshalb zum aktiven Wehrdienst verpflichtet.

Dazu gehört der uneingeschränkte Dienst mit der Waffe. Der Angeklagte hat nicht in Abrede gestellt, daß ihm dies bekannt gewesen ist. Er hat sich durch sein Verhalten eines Verbrechens der Zersetzung der Wehrkraft schuldig gemacht. Anhaltspunkte dafür, daß der Angeklagte für seine Tat nicht verantwortlich zu machen sei, sind weder hervorgetreten noch vom ihm selbst geltend gemacht worden. Die religiöse Überzeugung, die den Angeklagten zur Tat veranlaßt hat, schließt seine Schuld im Rechtssinne nicht aus (§ 48 Militärstrafgesetzbuch). Auch die bei dem Angeklagten festzustellende Schwerhörigkeit leichten Grades ist für die Beurteilung der Schuldfrage ohne Bedeutung. Das durch die Gestellungspflicht begründete Wehrdienstverhältnis wird durch eine etwaige Wehrdienstunfähigkeit nicht berührt. Der Angeklagte konnte, falls seine Wehrdienstunfähigkeit festgestellt werden sollte, von der Truppe aus dem Wehrdienst entlassen werden. So lange das nicht geschah, blieb er Soldat.

IV.

§ 5 Kriegssonderstrafrechtsverordnung droht grundsätzlich die Todesstrafe an. Nur in minder schweren Fällen kann auf eine Freiheitsstrafe erkannt werden. Ein solcher minder schwerer Fall liegt nicht vor. Der Angeklagte beharrt allen Belehrungen zum Trotz auf seinem Standpunkt und lehnt es ab, das deutsche Volk in seinem Daseinskampf zu unterstützen. Bezeichnend für die Persönlichkeit des Angeklagten und seine Einstellung zu der deutschen Volksgemeinschaft ist die Erklärung in seinem Schlußwort in der Hauptverhandlung. Der Angeklagte verdient keine Milde. Auch in Anbetracht der seinem Verhalten innewohnenden gefährlichen Werbekraft ist aus Abschreckungsgründen die härteste Strafe geboten.

Die Weigerung des Angeklagten ist eine ehrlose Handlung. Es waren ihm daher die bürgerlichen Ehrenrechte abzuerkennen.

Gemäß § 31 Militärstrafgesetzbuch war auf Verlust der Wehrwürdigkeit zu erkennen.

Lueben   Arps   Schöbel   Graf Pfeil   Vollbrecht

Der Schuhmachersohn Marzell SCHWEITZER wurde 1919 in Straßburg-Schiltigheim geboren. Als Franzose wurde er im April 1940 zur französischen Wehrmacht einberufen und im Dezember aus dem französischen Heeresdienst entlassen. Er nahm in Straßburg seine Buchhaltertätigkeit wieder auf.

Im Mai 1943, nach der entscheidenden Niederlage von Hitlers 6. Armee bei Stalingrad, rekrutierte ihn die deutsche Wehrmacht. Man verordnete ihm kurzerhand die deutsche Staatsangehörigkeit, da er sich selbst „zum Deutschtum" bekenne. Als überzeugter Pazifist verweigerte er den Wehrdienst und wurde daher mit den üblichen Urteilsbegründungsformeln zum Tode verurteilt: „Hierbei (ist) ohne Bedeutung, daß er aus Gewissensgründen gehandelt hat"!

Im Namen
des Deutschen Volkes!

Feldurteil

In der Strafsache gegen
den Grenadier Marzell S c h w e i t z e r ,
Stammkompanie/Grenadier-Ersatz-Bataillon 209, Flensburg
geboren am 22. 8. 1919 in Straßburg-Schiltigheim,
wegen Zersetzung der Wehrkraft
hat das Reichskriegsgericht, 4. Senat, in der Sitzung vom 5. Oktober 1943,
an der teilgenommen haben
als Richter:
Reichskriegsgerichtsrat Dr. Reuter, Verhandlungsleiter,
Generalleutnant Meissner,
Generalmajor Dr. Grobholz,
Oberst Graf von Pfeil und Klein-Ellguth,
Oberkriegsgerichtsrat Beringer,
als Vertreter der Anklage:
Oberkriegsgerichtsrat Rittau,
als Urkundsbeamter:
Reichskriegsgerichtoberinspektor Frey,
für Recht erkannt:
Der Angeklagte wird wegen Verweigerung des Wehrdienstes zum Tode, zum Verlust der Wehrwürdigkeit und zum dauernden Verlust der bürgerlichen Ehrenrechte verurteilt.
Von Rechts wegen.

Gründe

Der Angeklagte wurde am 22. 8. 1919 als Sohn des Schuhmachers Georg Schweitzer und dessen Ehefrau Sophie geborene Fitterer in Straßburg-Schiltigheim geboren. Seine Eltern besaßen ursprünglich die deutsche Staatsangehörigkeit, erwarben dann aber auf Grund des Versailler Vertrages die französische Staatsangehörigkeit. Seine Großeltern sind sämtlich im Elsaß geboren. Nach dem Besuch der Volksschule in Schiltigheim arbeitete der Angeklagte zunächst ein Jahr lang in einer Schreinerei und hierauf ein weiteres Jahr in einer Schlosserei. Danach fand er Beschäftigung in einer Wurstfabrik, wo er als Buchhalter ausgebildet wurde und in der Folgezeit als solcher tätig war.

Nachdem er nach dem Ausbruch des Krieges aus dem Elsaß evakuiert worden war, wurde er im April 1940 zur französischen Wehrmacht einberufen.

Er diente bei der Flakbatterie in Tours und machte dann den Rückzug nach dem Süden mit, ohne an Kampfhandlungen teilzunehmen. Am 21. 12. 1940 wurde er aus dem französischen Heeresdienst entlassen und kehrte darauf nach Straßburg zurück, wo er seine frühere Tätigkeit als Buchhalter wieder aufnahm.

Kurz vor seine Einberufung zum französischen Heeresdienst wurde der Angeklagte von umherziehenden Leuten mit pazifistischen Gedankengängen bekannt gemacht. Er will dadurch zu eigenem Nachdenken angeregt worden sein und in Verfolg desselben allmählich die feste Überzeugung erlangt haben, daß es verboten sei, Soldat zu sein und Menschen zu töten. Einer religiösen Sekte oder pazifistischen Vereinigung hat er nicht angehört.

Zum 21. 5. 1943 wurde der Angeklagte zum Grenadier-Ersatz-Bataillon 209 in Flensburg einberufen. Er leistete auch der Einberufung Folge, erklärte aber nach seinem Eintreffen bei der Truppe, daß er es ablehne, Soldat zu werden, weil er Menschen nicht töten dürfe. Bei dieser Einstellung verblieb er auch in der späteren Zeit trotz ernster Belehrungen über die Folgen seines Tuns. Auch in der mündlichen Verhandlung vor dem Reichskriegsgericht beharrte er auf seinem ablehnenden Standpunkt.

Der Angeklagte, der sich selbst zum Deutschtum bekennt, ist deutscher Abstammung (vergleiche Runderlaß des Reichsministeriums des Jahres vom 26. 8. 1942 Abschnitt 1 Absatz 6 im Ministerialblatt des Reichs- und Preußischen Ministeriums des Jahres 1942 Seite 1742 fortfolgende). Er hat ferner mit seinem Eintritt in die deutsche Wehrmacht gemäß § 1 der Verordnung über die Staatsangehörigkeit im Elsaß, in Lothringen und in Luxemburg vom 23. 8. 1942, die durch die Verordnung des Chefs der Zivilverwaltung im Elsaß vom 24. 8. 1942 mit Wirkung vom gleichen Tage in Kraft gesetzt worden ist (siehe Verordnungsblatt 1942 Seite 251), die deutsche Staatsangehörigkeit erworben. Er gehört dem Geburtsjahrgang 1919 an. Nach § 1 der Verordnung über die Wehrpflicht im Elsaß vom 25. 8. 1942 (Verordnungsblatt des Chefs der Zivilverwaltung im Elsaß vom 27. 8. 1942, Regierungs-Anzeiger für das Elsaß Folge 87/1942 vom 28. 8. 1942) ist er wehrpflichtig. Mit dem Gestellungstage ist er Soldat geworden und als solcher verpflichtet, Wehrdienst in jeder von ihm verlangten Form zu leisten. Dessen ist er sich auch bewußt gewesen. Indem er jeglichen Wehrdienst verweigert, hat er es mithin vorsätzlich unternommen, sich der Erfüllung des Wehrdienstes ganz zu entziehen. Für die strafrechtliche Würdigung seines Verhaltens ist es hierbei ohne Bedeutung, daß er aus Gewissensgründen gehandelt hat (§ 48 Militärstrafgesetzbuch).

Der Angeklagte ist daher aus § 5 Absatz 1 Ziffer 3 Kriegssonderstrafrechtsverordnung zu bestrafen.

Diese Bestimmung droht grundsätzlich die Todesstrafe an. Nur in minder schweren Fällen kann nach § 5 Absatz 2 Kriegssonderstrafrechtsverordnung auf Zuchthaus oder Gefängnis erkannt werden. Ein solch minder schwerer Fall liegt aber hier nicht vor. Der Angeklagte verharrt hartnäckig auf seinem ablehnenden Standpunkt und ist jeder Belehrung unzugänglich. Er verstößt hiermit auf schwerste gegen die ihm seinem Volke gegenüber obliegende Treuepflicht und verdient keine Milde. Außerdem ist auch wegen der seinem Verhalten innewohnenden gefährlichen Werbekraft aus Abschreckungsgründen die härteste Strafe geboten.

Der Angeklagte war daher zum Tode zu verurteilen. Zugleich war gemäß § 31 Ziffer 1 Militärstrafgesetzbuch der Verlust der Wehrwürdigkeit auszusprechen.

Da der Angeklagte ehrlos gehandelt hat, sind ihm ferner gemäß § 32 Reichsstrafgesetzbuch die bürgerlichen Ehrenrechte auf Lebenszeit aberkannt worden.

Reuter   Meissner   Dr. Grobholz   Graf Pfeil   Beringer

Reichskriegsgerichtsrat Dr. Ernst Reuter

Das Todesurteil – gefällt unter Vorsitz des Reichskriegsge-
richtsrats Dr. Erich Lattmann – gegen den 33jährigen nicht
vorbestraften Landwirt und Familienvater Adolf ZANKER
aus Württemberg ist eines der zahlreichen, formelhaft begrün-
deten NS-Kriegsgerichtsurteile. Es steht hier als Beispiel für
viele Hunderte im wesentlichen gleichlautende Urteile. Auf
eineinhalb Schreibmaschinenseiten wird nach ein paar Zeilen
zur Person die in ihrer Menschenverachtung zutiefst absto-
ßende Formel zu Papier gebracht, daß die religiöse Überzeugung des Angeklagten „hieran", nämlich an der Todeswürdig-
keit eines Wehrdienstverweigerers, nichts ändere.

Reichskriegsgerichtsrat Dr. Erich Lattmann

Reichskriegsgericht

StPL $\dfrac{\text{4. Sen. 83/43}}{\text{RKA I 334/43}}$

Im Namen
des Deutschen Volkes!

Feldurteil

In der Strafsache gegen
>den Grenadier Adolf Zanker,
>Stammkompanie Grenadier-Ersatz- und Ausbildungs-Bataillon 14,
>geboren am 13. 2. 1910 in Gruibingen, Kreis Göppingen,

wegen Zersetzung der Wehrkraft

hat das Reichskriegsgericht, 4. Senat, in der Sitzung vom 2. Dezember 1943,

an der teilgenommen haben
>als Richter:
>>Reichskriegsgerichtsrat Dr. Lattmann, Verhandlungsleiter,
>>Generalleutnant Meissner,
>>Generalmajor Dr. Grobholz,
>>Oberst Sachs,
>>Oberkriegsgerichtsrat Kaehler,
>als Vertreter der Anklage:
>>Oberkriegsgerichtsrat Wodtke,
>als Urkundsbeamter:
>>Reichskriegsgerichtsoberinspektor Frey,

für Recht erkannt:

Der Angeklagte wird wegen Verweigerung des Wehrdienstes zum Tod, zum Verlust der Wehrwürdigkeit und zum dauernden Verlust der Ehrenrechte verurteilt.

Von Rechts wegen.

Gründe

Der bisher unbestrafte Angeklagte Adolf Zanker ist am 13. 2. 1910 in Gruibingen, Kreis Göppingen (Württemberg) als Sohn eines Landwirts geboren. Er ist verheiratet und hat zwei Töchter. Nach Besuch der Volksschule arbeitete er auf dem väterlichen Anwesen und übernahm es nach dem Tode seiner Eltern. Durch seine Mutter wurde er etwa im Jahre 1930 auf die „Lehre der Ernsten Bibelforscher" aufmerksam gemacht, las die Bibel und deren Schriften und besuchte ihre Versammlungen, bis diese verboten wurden. Auch seine Ehefrau ist Bibelforscherin.

Im September 1943 erhielt der Angeklagte vom Wehrmeldeamt Göppingen einen Einberufungsbefehl zur Wehrmacht. Danach hatte er sich am 10. 9. 1943 beim Grenadier-Ersatz- und Ausbildungs-Bataillon 14 in Mülhausen/Elsaß zu melden. Er befolgte diesen Befehl und rückte ein. Am folgenden Tag übergab er jedoch dem Hauptfeldwebel seiner Kompanie eine bereits zu Hause verfaßte schriftliche Erklärung. In dieser lehnt er es auf Grund der Heiligen Schrift und als Christ ab, an einer militärischen Ausbildung mit Waffen teilzunehmen und eine Uniform anzulegen. Er beruft sich insbesondere auf das Gebot, daß man nicht töten solle. Diesen ablehnenden Standpunkt hat der Angeklagte beibehalten, insbesondere auch bei seiner Vernehmung durch den Untersuchungsführer des Reichskriegsgerichts und in der Hauptverhandlung. Er hat erklärt, er habe sich alles reiflich überlegt und sei sich über die Folgen seiner Haltung klar, wisse insbesondere, daß er mit Sicherheit die Todesstrafe zu erwarten habe, wenn er seinen Sinn nicht ändere.

Als 33jähriger Reichsdeutscher ist der Angeklagte wehrpflichtig. Er ist mit dem Tage seiner Einberufung Soldat geworden und als solcher verpflichtet, Wehrdienst in jeder von ihm verlangten Form zu leisten. Er ist sich auch, wie er zugibt, dieser Pflichten bewußt. Da er den Wehrdienst seit dem 11. 9. 1943 verweigert, hat er es vorsätzlich unternommen, sich der Erfüllung des Wehrdienstes ganz zu entziehen. Hieran ändert die Tatsache nichts, daß er sein Verhalten aus religiöser Überzeugung für geboten erachtet (§ 48 Militärstrafgesetzbuch). Bedenken, daß er für seine Taten nicht oder nicht voll verantwortlich ist, haben sich nicht ergeben. Der Angeklagte ist daher wegen Verbrechens gegen § 5 Absatz 1 Nummer 3 Kriegssonderstrafrechtsverordnung zu bestrafen.

Wer seinem Volk in schwerster Kriegszeit den Wehrdienst hartnäckig und unbelehrbar verweigert, kann nur zum Tod verurteilt werden. Der Senat hat darauf erkannt.

Die Verhängung der Ehrenstrafen beruht auf § 31 Nummer 1 Militärstrafgesetzbuch und § 32 Strafgesetzbuch.

Dr. Lattmann   Meissner   Sachs   Kaehler

zugleich für den beurlaubten General Dr. Grobholz

Die Glaubensüberzeugung und Charakterfestigkeit des 36jährigen Arbeiters Ernst Wilhelm ZEHENDER verdient besondere Hochachtung. Er war schon vor dem Krieg, 1938, zweimal wegen religiös begründeter Fahnenflucht und Gehorsamsverweigerung zu insgesamt drei Jahren Gefängnis verurteilt worden. Als er 1941 eingezogen wurde, blieb er auch im Angesicht der Todesstrafe standhaft bei seiner Wehrdienstverweigerung.

Reichskriegsgericht
3. Senat
StPL (HLS) III 79/41

StPL (RKA) III 349/4

Im Namen
des Deutschen Volkes!

Feldurteil

In der Strafsache gegen
den Hilfsarbeiter Ernst Wilhelm Z e h e n d e r ,
5. Kompanie Landwehr-Schützen-Rekruten-
Ausbildungs-Kommando II
Fliegerhorst Mühldorf,
wegen Zersetzung der Wehrkraft
hat das Reichskriegsgericht, 3. Senat, in der Sitzung vom
10. Dezember 1941,
an der teilgenommen haben
als Richter:
Reichskriegsgerichtsrat Dr. Schmitt, Verhandlungsleiter,
Generalleutnant Mußhoff,
Oberst Dr. Grobholz,
Oberst Selle,
Oberkriegsgerichtsrat Dr. Block,
als Vertreter der Anklage:
Feldkriegsgerichtsrat Dr. Lintz,
als Urkundsbeamter:
Heeresjustizinspektor d.R. Güldner,
für Recht erkannt:
Der Angeklagte wird wegen Zersetzung der Wehrkraft zur Todesstra-
fe, zum Verlust der bürgerlichen Ehrenrechte auf Lebenszeit und zum
Verlust der Wehrwürdigkeit verurteilt.
Von Rechts wegen.

Gründe

Der Angeklagte ist am 11. 3. 1905 in Besigheim, Kreis Ludwigsburg,
geboren. Er hat Volksschulbildung und ist von Beruf Arbeiter. Er war in
einer Papierfabrik und seit 1935 in einer Baufirma tätig. Er ist verheiratet. Aus der Ehe sind zwei Kinder hervorgegangen.

Der Angeklagte ist evangelisch getauft und im evangelischen Glauben erzogen. Im Jahre 1930 wurde er auf die Lehre der Ernsten Bibelforscher aufmerksam. Er trat aus der Kirche aus und wurde ein eifriger
Anhänger der Ernsten Bibelforscher.

Zum 7. 2. 1938 wurde er zu einer Landwehr-Übung einberufen. Er leistete mit der Begründung, daß er „Jünger Jehovas" sei, keine Folge und wurde deshalb wegen Fahnenflucht zu einem Jahr Gefängnis verurteilt. Aus derselben inneren Einstellung heraus verweigerte er den Exerzierdienst als Strafgefangener. Er wurde erneut am 9. 6. 1938 wegen Gehorsamsverweigerung zu zwei Jahren Gefängnis verurteilt.

Nach Verbüßung der Strafe wurde der Angeklagte zum 4. 6. 1941 zum 5./Landesschützen-Rekruten-Ausbildungs-Kommando II einberufen. Er leistete Folge, weigerte sich aber, Wehrdienst auszuüben, weil ihm dies die Bibel verbiete.

Bei dieser Weigerung ist der Angeklagte auch weiterhin verblieben, obwohl er in wiederholten Vernehmungen und auch in der Hauptverhandlung eingehend über die Folgen seines Verhaltens belehrt worden ist.

Dieser Sachverhalt ist durch die Angaben des Angeklagten und das Ergebnis des Vorverfahrens erwiesen.

Durch die Einberufung zum Wehrdient ist der Angeklagte Soldat geworden. Als solcher ist er zum aktiven Wehrdienst mit der Waffe verpflichtet. Dessen war und ist sich der Angeklagte bewußt.

Da er sich dennoch weigert, Wehrdienst zu leisten, hat er es unternommen, sich der Erfüllung dieses Dienstes zu entziehen. Die Tatsache, daß er aus religiöser Überzeugung handelt, ist für seine Schuld strafrechtlich ohne Bedeutung (§ 48 Militärstrafgesetzbuch).

Anhaltspunkte dafür, daß der Angeklagte nicht im Vollbesitz seiner geistigen Kräfte ist, bestehen nicht.

Der Angeklagte ist daher wegen eines Verbrechens der Zersetzung der Wehrkraft nach § 5 Absatz 1 Ziffer 3 Kriegssonderstrafrechtsverordnung zu bestrafen.

Diese Strafbestimmung droht grundsätzlich die Todesstrafe an. Nur wenn ein minder schwerer Fall vorliegt, kann auf eine Zuchthausstrafe oder Gefängnisstrafe erkannt werden. Dies ist hier nicht der Fall. Zwar hat der Angeklagte, wie ihm zugestanden wird, nicht aus Feigheit gehandelt. Mit Rücksicht auf die von ihm gezeigte Hartnäckigkeit und Unbelehrbarkeit ist aber eine milde Beurteilung ausgeschlossen. Derart hartnäckige Wehrdienstverweigerungen sind wegen der ihnen innewohnenden Werbekraft besonders geeignet, den Wehrwillen anderer zu zersetzen. Deshalb muß auf die Todesstrafe erkannt werden.

Wehrdienst ist Ehrendienst am deutschen Volk. Da der Angeklagte sich weigert, die Ehrenpflicht eines Deutschen zu erfüllen, können ihm auch nicht die Ehrenrechte belassen werden. Es werden ihm daher die bürgerlichen Ehrenrechte auf Lebenszeit nach § 32 Reichsstrafgesetzbuch aberkannt.

Die Verurteilung zur Wehrunwürdigkeit beruht auf § 31 Militärstrafgesetzbuch.

Dr. Schmitt   Mußhoff   Dr. Grobholz   Selle   Dr. Block

Der 31jährige Hilfsarbeiter Franz ZEINER aus der Steiermark soll hier als letztes Opfer einer langen Reihe von Wehrdienstverweigerern erwähnt werden, die aus religiöser Überzeugung die Todesstrafe in Kauf nahmen. Zeiners Charakterfestigkeit und Glaubensstärke hatte sich bereits in der unverbrüchlichen Treue zu seiner Lebensgefährtin manifestiert. Die nahezu erblindete Frau gehörte wie er selbst zu den Ernsten Bibelforschern. Obwohl beide gerne geheiratet hätten, verweigerte ihnen das NS-Regime die Eheerlaubnis – ein besonders demütigender Akt, durch den totalitäre Systeme auch das Privatleben der Herrschaftsunterworfenen zerstören oder auf jeden Fall beeinträchtigen wollen. Zeiner aber stand zu der Frau, die er liebte, wie er auch zu seinen weltanschaulichen Überzeugungen stand.

Entsprechend nackt und brutal wirkt einmal mehr die formelhafte „Begründung" seines Todesurteils.

Im Namen
des Deutschen Volkes!

Feldurteil

In der Strafsache gegen
>den Schützen Franz Zeiner,
>Infanterie-Ersatz-Bataillon I/482,

wegen Zersetzung der Wehrkraft
hat das Reichskriegsgericht, 3. Senat, in der Sitzung vom 22. Juni 1940,
an der teilgenommen haben

als Richter:
>Senatspräsident Dr. Schmauser, Verhandlungsleiter,
>Konteradmiral Arps,
>Oberst Galle,
>Oberst Selle,
>Oberkriegsgerichtsrat Dr. Block,

als Vertreter der Anklage:
>Oberkriegsgerichtsrat Dr. Bischoff,

als Urkundsbeamter:
>Reichskriegsgerichtsoberinspektor Hotje,

für Recht erkannt:

Der Angeklagte wird wegen Zersetzung der Wehrkraft zum Tode,
zum dauernden Verlust der bürgerlichen Ehrenrechte und zum Verlust
der Wehrwürdigkeit verurteilt.

Von Rechts wegen.

Gründe

I.

Der Angeklagte ist am 23. 1. 1909 in Zeltweg (Steiermark) als Sohn
einer Bauhilfsarbeiterin außerehelich geboren. Er wurde bei fremden
Leuten erzogen. Nach dem Besuch der Volksschule wurde er Hilfsarbeiter und war in verschiedenen Betrieben, auch in der Landwirtschaft,
tätig. Zwischendurch war er wiederholt arbeitslos. Später erhielt er eine
Siedlerstelle.

Seit 1935 lebt der Angeklagte mit einer geschiedenen Frau zusammen. Er heiratete nicht, weil diese Frau fast erblindet ist und weil die
Eheerlaubnis deswegen nicht erteilt wurde.

Politisch hat sich der Angeklagte nicht betätigt. Er ist nicht bestraft.

Der Angeklagte wurde im katholischen Glauben erzogen. Im Jahr 1933 wurde er durch einen Vortrag auf die Lehre der Ernsten Bibelforscher aufmerksam. Er las in der Folgezeit Schriften der Vereinigung und wurde ein eifriger Anhänger dieser Lehre, ohne sich allerdings äußerlich der Vereinigung der Ernsten Bibelforscher anzuschließen. Auch seine Lebensgefährtin bekennt sich zu dieser Lehre.

II.

Am 22. 1. 1940 wurde der Angeklagte gemustert und für tauglich Ersatzreserve I befunden. Er wurde am 17. 4. 1940 zum Infanterie-Ersatz-Bataillon I/482 in Mistelbach für den 20. 4. 1940 einberufen.

Dieser Einberufung leistete der Angeklagte keine Folge. Er schrieb am 20. 4. an das Wehrmeldeamt Wien X, daß er als wahrer Christ, d. h., als Christi Nachfolger, keine Waffen tragen könne und dürfe. Gott verbiete zu töten. Er habe gelobt, den in der Heiligen Schrift festgelegten Willen Gottes zu tun.

Er wurde erneut zum Wehrmeldeamt vorgeladen. Dort wiederholte er die Weigerung, obwohl er sofort auf die schwerwiegenden Folgen hingewiesen wurde.

Auch in seinen späteren richterlichen Vernehmungen und in der Hauptverhandlung ist er trotz aller Vorhaltungen und trotz Hinweises auf die schweren Folgen seines Tuns bei seiner Einstellung geblieben.

III.

Der Angeklagte ist Reichsdeutscher. Er ist 31 Jahre alt. Durch die ordnungsgemäße Einberufung zum aktiven Wehrdienst ist er mit dem Einberufungstag Soldat geworden. Als solcher ist er zum aktiven Wehrdienst verpflichtet. Dessen war er sich bewußt.

Da er sich dennoch fortgesetzt hartnäckig weigert, Wehrdienst zu leisten, hat er es unternommen, sich der Erfüllung dieses Dienstes zu entziehen. Die Tatsache, daß er aus religiöser Überzeugung handelt, ist für seine Schuld strafrechtlich ohne Bedeutung. Anhaltspunkte für eine Unzurechnungfähigkeit oder verminderte Zurechnungsfähigkeit bestehen nicht.

Der Angeklagte ist daher wegen eines fortgesetzten Verbrechens der Zersetzung der Wehrkraft nach § 5 Absatz 1 Nummer 3 Kriegssonderstrafrechtsverordnung zu bestrafen.

IV.

Diese Strafbestimmung droht grundsätzlich die Todesstrafe an. Nach ihrem Absatz 2 kann auf Zuchthaus- oder Gefängnisstrafe erkannt werden, wenn ein minder schwerer Fall vorliegt. Ein solcher ist hier nicht gegeben. Zwar hat der Angeklagte nicht aus Feigheit oder dergleichen gehandelt. Mit Rücksicht auf die von ihm gezeigte Hartnäckigkeit und Unbelehrbarkeit ist aber eine milde Beurteilung ausgeschlossen. Derart hartnäckige Wehrdienstverweigerungen sind schon wegen der ihnen innewohnenden gefährlichen Werbekraft besonders geeignet, den Wehrwillen anderer zu zersetzen. Deshalb muß auf Todesstrafe erkannt werden.

Wehrdienst ist Ehrendienst am deutschen Volk. Da der Angeklagte sich weigert, die Ehrenpflicht eines Deutschen zu erfüllen, können ihm auch nicht die Ehrenrechte eines solchen belassen werden. Es werden ihm daher die bürgerlichen Ehrenrechte nach § 32 Strafgesetzbuch auf Lebenszeit aberkannt.

Die Verurteilung zur Wehrunwürdigkeit beruht auf § 31 Militärstrafgesetzbuch.

Schmauser   Arps   Galle   Selle   Block

2. Fahnenflucht
(§§ 69 und 70 des Militärstrafgesetzbuches)

Viele hatten sich bei der Einberufung zur Hitlerwehrmacht keine Gedanken gemacht sondern waren – Befehl ist Befehl – brav eingerückt. Nicht wenige waren zunächst sogar begeistert vom Militär- und Kriegsdienst. Sowohl die Gedankenlosen als auch die Begeisterten erkannten dann in nicht geringer Zahl nach und nach, wofür sie mißbraucht werden sollten, und wollten ihre Haut retten. Sie ergriffen eine erfolgversprechende Gelegenheit, die Truppe zu verlassen. Wer erwischt wurde, wurde zum Tode verurteilt. Wenigen ist es gelungen, ihr Verhalten als nur kurzfristiges „unerlaubtes Entfernen von der Truppe" darzustellen, und so mit einer Freiheitsstrafe davonzukommen.

Ludwig BAUMANN wurde am 30. Juni 1942 zum Tode verurteilt. Etwa eineinhalb Monate später, nämlich am 20. August 1942, wurde er zu 12 Jahren Zuchthaus begnadigt. Das teilte man ihm aber erst am 29. April 1943 mit. Bis dahin, also zehn Monate lang, lebte er, an Händen und Füßen gefesselt, jeden Tag in der Angst, zur Hinrichtung abgeholt zu werden. Dann kam er in verschiedene Straflager, auch in das berüchtigte „Bewährungsbataillon 500", das die Gefangenen in „Himmelfahrtskommandos" verheizte. Baumann wurde bei einem solchen Einsatz verwundet und geriet in sowjetische Gefangenschaft. 1946 konnte er in seine Heimatstadt Hamburg zurückkehren. Heute ist der inzwischen 76jährige Baumann Vorsitzender der „Bundesvereinigung Opfer der NS-Militärjustiz" in Bremen.

Den Vorwurf und das „Geständnis" des Wachvergehens – er hatte seinen Wachtposten verlassen – erklärte Baumann als bloße Schutzbehauptung: „Wir alle haben vor diesen ‚Richtern' unsere Tatmotive verbergen müssen. Leute vom französischen Widerstand haben uns Zivilzeug gegeben und an die Grenze zum unbesetzten Frankreich gefahren. Wir haben unsere französischen Freunde trotz schwerer Mißhandlungen bei den Vernehmungen nicht verraten."

Ludwig Baumann
geb. 13. 12. 1921

Feldurteil
im Namen des Deutschen Volkes!

In der Strafsache gegen
die Matr. Gefr. Evalt Gronewold und
Matr. Gefr. Kurt Oldenburg und
Marine-Artillerie Gefr. Ludwig Baumann
vom Kommando Hafen-Komp. Bordeaux
wegen Fahnenflucht im Felde, Wachverfehlung im Felde und schweren
Diebstahls
hat ein am 30. Juni 1942 in Bordeaux
auf Befehl des Gerichtsherrn und Marinebefehlshabers Westfrankreich
zusammengetretenes Feldgericht,
an dem teilgenommen haben
als Richter:
1.) Marinekriegsgerichtsrat Dr. Lüder, Verhandlungsleiter,
2.) Kapt.Lt. Harders, (M.A.),
3.) Masch.Gefr. Albrecht,
als Vertreter der Anklage:
Marinekriegsgerichtsrat Mönkemeier,
als Urkundsbeamter der Geschäftsstelle:
Schreibers-Gefr. Jussen,
für Recht erkannt:

Es werden verurteilt

der Angeklagte *Gronewold* wegen Wachverfehlung im Felde in
Tateinheit mit schwerem Diebstahl zu

1 ½ – eineinhalb – Jahren Gefängnis.

Der Angeklagte *Baumann* wegen Wachverfehlung im Felde, wegen
schweren Diebstahls und wegen Fahnenflucht im Felde zum

Tode und zu insgesamt *1 Jahr und 2 Monaten Gefängnis*.

Der Angeklagte *Oldenburg* wegen Wachverfehlung im Felde in Tateinheit mit schweren Diebstahl, wegen schweren Diebstahls und wegen
Fahnenflucht im Felde zum

Tode und zu insgesamt *2 Jahren Gefängnis*.

Daneben wird bei sämtlichen Angeklagten auf *Rangverlust*, bei den
Angeklagten Baumann und Oldenburg auch auf Verlust der *Wehrwürdigkeit* erkannt.

Gründe

I. Angeklagt sind:

1.) Der Matr. Gefr. Evalt Gronewold von der Mar.Hafen-Komp.Bordeaux, geb. 2. 12. 14 in Leezdorf Krs. Aurich, ledig, evang. von Beruf Seemann, dreimal gerichtlich wegen Körperverletzung mit insgesamt 7 Monaten Gefängnis, disziplinarisch nicht vorbestraft.

2.) Der Matr. Gefr. Kurt Oldenburg von der Mar.Hafen-Komp. Bordeaux, geb. 19. 2. 22 in Hamburg-Wandsbek, ledig, evang., von Beruf Seemann, Inh. d.E.K. II von 1939, von genügender Führung und Diensttüchtigkeit (5), gerichtlich nicht, diziplinarisch mit 5 Tagen Kasernenarrest, 3 Tagen gel. Arrest und 13 Tagen gesch. Arrest vorbestraft.

3.) Der. M.A.Gefr. Ludwig Baumann von der Mar.Hafen-Komp.Bordeaux, geb. 13. 12. 21 in Hamburg, ledig, evang., von Beruf Maurer, von guter Führung und ziemlich guter Diensttüchtigkeit (6), gerichtlich und disziplinarisch nicht vorbestraft.

II. Die Hauptverhandlung hat auf Grund der glaubhaften eigenen Einlassung der Angeklagten folgendes ergeben:

A.

In der Nacht vom 10. zum 11. Mai 1942 hatten Gronewold als Wachhabender und Oldenburg als Posten von 0 °° bis 2 °° Uhr Wache in Lormont, Quadi de Brazza, wobei Oldenburg im Wachanzug (Stahlhelm und Gewehr) aufzog. Mit den franz. Staatsangehörigen und Feuerwehrmännern Riviera, Etelin, Capot, Zani und Faup hatten sie vorher vereinbart, aus einem Schuppen des Lebensmittelamtes Bordeaux Mehl zu stehlen. Sie taten das an diesem Abend gemeinschaftlich mit den Franzosen, wobei der eine oder andere mehr oder weniger an der gewaltsamen Öffnung des Tores des Schuppen durch Beseitigung des inneren Sperriegels beteiligt war. Die Beute bestand in 2 Doppelzentnern Mehl; für ihre Beteiligung erhielten sie jeder 500 Frs.

B.

In der Nacht vom 16. zum 17. Mai 1942 hatte Baumann Wache von 22 °° bis 24 °° als Torposten 1 des Hafengebietes. Er hatte um 18 Uhr – als er vom vorhergehenden Wachturn kam – keinen Verpflegungskaffee mehr erhalten und etwa ¾ ltr. Wein getrunken, wodurch ihm schläfrig und übel wurde. Er rief zwar mehrfach nach dem Streifenposten, um ihm mitzuteilen, wie es mit ihm stand, schlief aber schließlich kurz vor 24 °° Uhr sitzend ein.

C.

Baumann und Oldenburg fürchteten wegen ihrer Verfehlungen ziemlich hohe Strafen. Baumann schlug Oldenburg deshalb vor, ins unbesetzte Gebiet zu flüchten und evtl. in die Fremdenlegion einzutreten. Oldenburg ging darauf ein. Am 3. 6. 42 verließen sie die Kaserne, übernachteten in einer Baubude, wo sie 2 Zivilröcke und 1 Baskenmütze fanden, fuhren dann am 4. 6. 42 in einem franz. Kraftwagen bis Langon und versteckten ihre Uniformen unter einem Strauch, um nunmehr in Zivil weiterzukommen. Von den Grenzposten angehalten, verzichteten sie auf Widerstand und gaben ihr Unternehmen verloren.

D.

Vor dem endgültigen Verlassen von Bordeaux hatten Baumann und Oldenburg am 3. 6. 42 gegen 23°° Uhr – Baumann durch Eindrücken einer Scheibe, Oldenburg durch Schmierestehen – aus der Waffenkammer ihres Truppenteils 2 Pistolen, 2 Magazine, 9 Pack Munition und 1 Taschenlampe entwendet, „um sich ein größeres persönliches Sicherheitsgefühl zu verschaffen".

zu A:

Gronewold und Oldenburg sind des schweren Diebstahls schuldig, den sie gemeinschaftlich mit den Franzosen durchführten. Sie haben den Einbruchsdiebstahl in das Lebensmittelmagazin vorher vereinbart und jeder der Teilnehmer wollte die Tat als seine eigene: auf den Grad der aktiven Beteiligung bei der Wegnahme des Mehles oder der Beseitigung der Hindernisse am verschlossenen Tor kann es hierbei nicht entscheidend ankommen.

Beide setzten sich aber auch gleichzeitig im Felde vorsätzlich außer Stand den ihnen obliegenden Dienst zu versehen und verließen ihren Posten, handelten auch den ihnen gegebenen Vorschriften zuwider. Zwischen beiden Straftaten besteht Tateinheit, da die in erster Linie gewollte Mittäterschaft am Diebstahl zu der Wachverfehlung führte. Die Nachteilsfolgen der Wachverfehlung nach dem MSTGB müssen nicht im Einzelfall tatsächlich aufgetreten sein, sondern es genügt, daß sie als Befehlshaber einer milit. Wache und als Wachposten im auftretenden Bedarfsfalle nicht handlungs- und einsatzfähig waren.

– je Verbrechen nach §§ 243 Abs. I Ziff. 2, 47, 73 RSTGB und § 141 MSTGB –

zu B:

Baumann hat ebenfalls durch sein Verhalten den Tatbestand der Wachverfehlung im Felde erfüllt. Er wußte, daß er infolge des genossenen Weines Ermüdungserscheinungen ausgesetzt war und durfte ihnen nicht nachgeben. Er tat es in der Vorraussicht, seine Wachpflicht nicht mehr erfüllen zu können und nahm den Erfolg in Kauf.

– Verbrechen nach § 141 MSTGB –

zu C:

Baumann und Oldenburg haben gemeinschaftlich in der Absicht sich der Verpflichtung zum Dienst in der Wehrmacht dauernd zu entziehen und in Zivil ins unbesetzte Gebiet – also das Ausland – zu gelangen und Dienste in der franz. Fremdenlegion anzunehmen, ihre Truppe verlassen.

– Verbrechen nach §§ 69, 70 MSTGB, § 47 RSTGB –

zu D:

Baumann und Oldenburg haben auch durch die gemeinschaftlich besprochene, gewollte und durchgeführte Wegnahme der Pistolen aus der Waffenkammer einen schweren Diebstahl – durch Einschlagen eines Fensters und Einsteigen – ausgeführt. Auch hier hat Oldenburg als Aufpasser die Tat Baumanns als eigene gewollt und ist deshalb als Mittäter zu bestrafen.

– Verbrechen nach § 243 Abs. I Ziff. 2 RSTGB – § 47 RSTGB –

Die Erwägungen hinsichtlich der Strafzumessung haben das Feldkriegsgericht zu folgenden Ergebnissen geführt:

zu A:

Den Angeklagten Gronewold und Oldenburg sind hinsichtlich des in erster Linie gewollten schweren Diebstahls mildernde Umstände zugebilligt worden. Ihre bisherige Haltung – sie sind nicht einschlägig vorbestraft –, die Jugend Oldenburgs und die mitspielende Verführung durch die Gelegenheit suchenden Franzosen rechtfertigen die Zuerkennung lediglich einer fühlbaren Gefängnisstrafe. Diese Gründe gelten auch bei der Anwendung des Strafrahmens des § 141 MSTGB, aus dem die Strafe, als dem schwereren Gesetz, zu entnehmen war. Größere Jugend bei Oldenburg wird bei Gronewold durch dessen erhöhte Verantwortung als Wachhabender aufgewogen. Als angemessene Sühne sind je 1 ½ Jahre Gefängnis festgesetzt worden.

zu B:

Dem Angeklagten Baumann ist seine gute bisherige Beurteilung und seine Jugend hinsichtlich der Wachverfehlung weitestgehend zu gute gehalten worden. Es soll auch hervorgehoben werden, daß diese Verfehlung nie für ihn der Grund zu den nachfolgenden schweren Verbrechen hätte werden dürfen. Seine Schuld war hier mit einer Gefängnisstrafe von 4 Monaten gerechterweise gesühnt.

zu C:

Für die Fahnenflucht im Felde müssen die strengsten Maßstäbe angewendet werden. – Die Flucht von der Fahne ist und bleibt das schimpflichste Verbrechen, das der deutsche Soldat begehen kann. Keine Scheu vor Verantwortung begangener Fehltritte, keine Furcht vor Strafe darf den Soldaten zu ihr verführen. Auch Erwägungen, die zur Bewilligung von Gnadenerweisen führen können, dürfen das Feldkriegsgericht nicht hindern, für die Tat die gerechte Sühne zu suchen und festzusetzen. Wer gemeinschaftlich Fahnenflucht mit anderen begeht und diese Flucht ins Ausland versucht und wer sich während der Fahnenflucht verbrecherisch betätigt, ist nach den Richtlinien des Führers und Obersten Befehlshabers der Wehrmacht für die Strafzumessung bei Fahnenflucht vom 14. April 1940 Ziff. I Abs. 2 mit dem Tode zu bestrafen. Nur in allen anderen Fällen (Ziff II) soll eine Zuchthausstrafe im allgemeinen dann als ausreichende Sühne angesehen werden, wenn jugendliche Unüberlegtheit u. a. Beweggründe für die Täter hauptsächlich bestimmend waren. – Das Feldkriegsgericht musste deshalb bei beiden Angeklagten auf die Todesstrafe erkennen.

zu D:

Für den gemeinschaftlichen schweren Pistolen- und Munitionsdiebstahl, der lediglich ein Ausfluß der Fluchttendenz der Angeklagten Baumann und Oldenburg war, ist beiden Angeklagten unter Anwendung mildender Umstände – auch wegen ihrer Geständigkeit – eine Gefängnisstrafe von je einem Jahr Gefängnis auferlegt worden.

Aus den gegen Baumann erkannten Einzelfreiheitsstrafen ist eine Gesamtstrafe von 1 Jahr und 2 Monaten Gefängnis, aus den gegen Oldenburg erkannten Einzelfreiheitsstrafen eine solche von 2 Jahren Gefängnis gebildet worden.

– Der Ausspruch der Nebenstrafen folgt aus §§ 31, 33 MSTGB –

Dr. Lüder
Marinekriegsgerichtsrat

Vermerk:
1. Gegen den Verurteilten GRONEWOLD hat der Gerichtsherr am 17. 7. 42 das Urteil bestätigt und die sofortige Strafvollstreckung angeordnet.
2. Bezüglich der Verurteilten BAUMANN und OLDENBURG hat der Oberbefehlshaber am 20. 8. 42 wie folgt entschieden:
Ich bestätige das Urteil des Gerichts des Marinebefehlshabers Westfrankreich, Zweigstelle Royan. Die gegen beide verhängte Todesstrafe wandle ich im Gnadenwege unter Einbeziehung der außerdem erkannten Freiheitsstrafe in eine Zuchthausstrafe von 12 (zwölf) Jahren um.
Zur Überprüfung ihrer Eignung für die Bewährungstruppe sind die Verurteilten in das Wehrmachtsgefängnis Torgau einzuweisen.

11. 9. 42
(Unterschrift)
Marine-Justiz-Inspektor

Bericht

Durch Feldurteil vom 30. 6. 42 wurden die damaligen Matrosengefreiten Ludwig Baumann und Kurt Oldenburg wegen Fahnenflucht u.a. zum Tode verurteilt. Der Oberbefehlshaber der Kriegsmarine hat am 20. August 1942 das Urteil bestätigt, aber im Gnadenwege die Todesstrafe in Zuchthausstrafen von je zwölf Jahren umgewandelt. Weiter wurde angeordnet, daß die Verurteilten zur Überprüfung ihrer Eignung für die Bewährungstruppe in das Wehrmachtgefängnis Torgau einzuweisen seien. Die weitere Vollstreckungsentscheidung wurde dem Marinebefehlshaber Westfrankreich übertragen. Die angeordnete Einweisung in das Gef. Torgau konnte noch nicht durchgeführt werden, da die beiden Verurteilten noch in der großen Strafsache gegen Jubel u. A. *(kommunistische Zersetzung der Hafenkompanie Bordeaux)* angeklagt sind.

Nunmehr bitten die Väter der Verurteilten, diese zu Weihnachten an die Front zu schicken. Dieses Gesuch um Frontbewährung ist, ganz abgesehen von der noch nicht erfolgten Einleitung der Überprüfung in Torgau, weitaus verfrüht. Es wird deshalb nachstehende Verfügung vorgeschlagen.

Der Gerichtsherr und Marine-   Dr. Kuhn
befehlshaber Westfrankreich   Marinekriegsgerichtsrat
St.L. J X 272/42   E.O., den 29. Dezember 1942

Verfügung

1. Das Gesuch um Strafaussetzung zur Feindbewährung für die Verurteilten Ludwig Baumann und Kurt Oldenburg lehne ich als weitaus verfrüht ab.
2. Nachricht an die Gesuchsteller.

Bachmann   Dr. Kuhn
Admiral   Marinekriegsgerichtsrat

Der 21jährige Weber Emil BLUMENSATH fiel noch im Herbst 1944 – wenige Schritte, bevor er nach einem dramatischen Hin und Her einen amerikanischen Spähtrupp erreicht hätte – in die Hände deutscher Soldaten, während es seinem Kameraden Adolf Völl gelungen ist, mit knapper Not zu den Amerikanern durchzudringen und so am Leben zu bleiben.

Blumensath hatte erkannt, daß die Fortsetzung des Krieges aussichtslos war, und versuchte, sich in amerikanische Gefangenschaft und damit in Sicherheit zu begeben. In der gegen Kriegsende immer stärker fanatisierten Stimmung bedeutete diese Handlungsweise das Todesurteil für den jungen Mann.

Gericht des 2. Admirals der Nordsee
Zweigstelle Wilhelmshaven
St.L.J. VII Nr. 9/45

Feld-Urteil
im Namen des Deutschen Volkes!

In der Strafsache gegen
den Matrosen-Obergefreiten Emil B l u m e n s a t h
vom Kommando 1./2. Marine-Ersatz-Abteilung
wegen Fahnenflucht im Felde
hat ein am 15. Januar 1945 in Wilhelmshaven
auf Befehl des Gerichtsherrn und 2. Admirals der Nordsee
zusammengetretenes Feld-Kriegsgericht,
an dem teilgenommen haben
    als Richter:
        1. Marinestabsrichter Wahren, Verhandlungsleiter,
        2. Kapitänleutnant Metzel,
        3. Matrosenhauptgefreiter Narwold,
        beide von dem Stabszug 28. Marine-Ersatz-Abteilung
        – Beisitzer –,
    als Vertreter der Anklage:
        Marinestabsrichter Thiele,
    als Urkundsbeamter der Geschäftsstelle:
        Obergefreiter Detemple,
für Recht erkannt:
    Der Angeklagte wird wegen Fahnenflucht im Felde zum Tode, Wehr-
unwürdigkeit und Verlust der Bürgerlichen Ehrenrechte auf Lebenszeit
verurteilt.

Gründe

Der Angeklagte ist am 24. 2. 23 geboren. Er hat noch 4 jüngere Geschwister. Wo seine Eltern, die aus Konzen evakuiert sind, zur Zeit
wohnen, weiß er nicht. Nach dem Besuch der Volksschule erlernte er
den Beruf des Webers. Drei Jahre ging er noch zur Berufsschule. Seit
dem 10. Oktober 1941 gehört er der Kriegsmarine an und hat es bis
zum Obergefreiten gebracht. Eine schlechte Führung ist ihm nicht bekannt gegeben worden. Er wurde mit den Minensuchabzeichen ausgezeichnet. Zuletzt war er in Finnbusen eingesetzt. Am 20. Juni 1944
wurde er in einem Gefecht mit russischen Landungsstreitkräften am linken Ellbogen verwundet. Disziplinar und gerichtlich ist er nach seinen
Angaben nicht vorbestraft.

Am 28. Oktober 1944 wurde er festgenommen und befindet sich
seitdem in Untersuchungshaft.

Im gegenwärtigen Verfahren wird dem Angeklagten Fahnenflucht im Felde zur Last gelegt. In der Hauptverhandlung wurde auf Grund der Einlassung des Angeklagten, der verlesenen und zum Inhalt der Hauptverhandlung gemachten Aussage des Rudolf Herzog sowie der Meldung des Oberleutnant Möller folgender Sachverhalt festgestellt:

Der Angeklagte erhielt nach seiner Entlassung aus dem Lazarett von seinem Ersatztruppenteil vom 3. bis 19. September 1944 Einsatzurlaub in seinem Heimatort Konzen, der an der deutsch-luxemburgischen Grenze liegt. Während des Urlaubs war der Rückmarsch der Deutschen Truppen aus Frankreich. Durch Erzählungen der Kameraden, die über Konzen kamen, gewann der Angeklagte den Eindruck, daß der Krieg für Deutschland verloren sei. Er hielt es deshalb für ein Glück, gerade in dieser Zeit in Urlaub zu sein und hatte vor, nicht wieder zur Truppe zurückzukehren.

Am 14. September 1944 wurde der offizielle Befehl bekanntgegeben, daß Konzen geräumt werden sollte. Der Angeklagte half seinem Vater beim Verpacken der notwendigsten Habseligkeiten. Er selbst zog Zivilkleidung an und verpackte seine Uniform in einen Seesack, damit sie mit ins deutsche Hinterland genommen wurde. Anschließend fuhr der Angeklagte mit dem Rad zum Bahnhof, wo sein Vater beschäftigt war, um noch verschiedene Sachen, vor allem die Lederjacke seines Vaters zu holen. Als er im Bahnhofsgebäude war, sah er amerkanische Panzer ankommen. Er versteckte sich im Bahnhofsgebäude. Die nachfolgende amerikanische Infanterie fand ihn und sperrte ihn zunächst mit 3 deutschen Soldaten in einen Schuppen ein. In der Nacht wurde die Soldaten abgeführt und er am nächsten Tage, da er versicherte, Zivilist zu sein, und er in seiner Zivilkleidung nicht als Soldat erkannt wurde, freigelassen. Seine Eltern waren dem Räumungsbefehl gefolgt und am Tage zuvor abgefahren. Er selbst hielt sich in der folgenden Zeit bei einer Familie Herzog auf, die in ihrer Wohnung, die in der Nähe des Bahnhofs im Niemandsland lag, zurückgeblieben waren. Täglich ging er in den östlichen Teil der Ortschaft Konzen, der noch von den deutschen Truppen besetzt war und fütterte das zurückgelassene Vieh.

Obwohl sein Urlaub jetzt abgelaufen war, kehrte er nicht zur Truppe zurück, da er der Überzeugung war, daß eine Weiterführung des Krieges aussichtslos sei. Als er und die Familie Herzog feststellte, daß der Amerikaner die in der Nähe des Bahnhofs liegenden Häuser auf seine Seite evakuieren wollte, zogen sie gemeinsam auf die andere Seite des Dorfes, die noch von den deutschen Truppen besetzt war. Hier hielten sie sich 6 Wochen auf. Bei den Gesprächen mit den deutschen Soldaten erklärte der Angeklagte diesen, daß er von der Wehrmacht entlassen sei. Am 25. Oktober wurde ihm und den übrigen Einwohnern vom deutschen Kommando mitgeteilt, daß das Dorf vollständig geräumt werden müsse. Der Angeklagte befürchtete, daß, wenn er ins Reichsinnere gehen würde, er bald als Fahnenflüchtiger aufgegriffen würde. Er beschloß daher, mit der Familie Herzog und den Geschwistern Völl in der Nacht vom 26. zum 27. Oktober 1944 nach Mützenich, das vom Amerikaner besetzt war, hinüberzuwechseln und dort das Kriegsende abzuwarten. Heimlich verpackten sie auf einem Pferdefuhrwerk mit Gummirädern ihre Habseligkeiten. In der Nacht fuhren sie durch das Flußbett und auf sonstigen Schleichwegen, da die Wege vermint waren, nach dem Hatzevenn, wo sie in der gleichen Nacht ankamen. Ihre Sachen ließen sie dort zurück und liefen nach Mützenich. Am nächsten Tage wurden sie hier auf der amerikanischen Kommandantur von dem Lehrer Flecken, der von den Amerikanern als Bürgermeister eingesetzt worden war und, wie durch Zeitungsberichte bekannt geworden ist, inzwischen gerichtet ist, verhört. Von diesem wurden sie nach der Unterbringung der deutschen Truppen, der Verminung des Geländes und nach dem Ritterkreuzträger Oberleutnant Möller gefragt. Da der Angeklagte befürchtete, durch Bekannte aus Mützenich als deutscher Soldat verraten zu werden, wollte er nach dem Hatzevenn ins Niemandsland gehen und dort bei einem Bauer arbeiten. Im Laufe des Tages hatte der Angeklagte und die Geschwister Herzog erfahren, daß der Amerikaner den Hatzevenn besetzen wolle. Sie beabsichtigten daher, vorher noch einige Sachen, die sie dort untergestellt hatten, nach Mützenich zu holen. Am 28. Oktober 1944 gingen sie nach Hatzevenn, der Angeklagte ging voraus, ihm folgten die Mädchen Völl und in einem gewissen Abstand der Adolf Völl. Unterwegs sahen sie einen amerikanischen Spähtrupp, der ebenfalls in Richtung auf den Hatzevenn zusteuerte. Als sie in die Nähe des Hatzevenn kamen und sahen, daß dieser von deutschen Soldaten besetzt war, flohen die Geschwister Völl in Richtung des amerikanischen Spähtrupps. Auf den Anruf, daß geschossen würde, blieben sie stehen und konnten festgenommen werden. Der Adolf Völl konnte zu dem amerikanischen Spähtrupp überlaufen. Der amerikanische Spähtrupp wurde durch diesen Lärm gewarnt und entging so der sicheren Vernichtung.

Der Angeklagte ist geständig. Bereits beim Rückmarsch der deutschen Truppen aus Frankreich hielt er eine Weiterführung des Krieges für aussichtlos und war davon überzeugt, daß der Krieg für Deutschland verloren sei. Er zog die Zivilkleidung nicht an, um seine Uniform wegen des schlechten Wetters zu schonen, sondern allein deshalb, um von dem Amerikaner nicht als deutscher Soldat erkannt zu werden. Er beabsichtigte von vornherein keineswegs, mit seinen Eltern ins Reichsinnere zu gehen, sondern in Konzen oder in der Nähe von Konzen zu bleiben. Auch als der Urlaub am 19. September 1944 beendet war, kehrte er nicht zu seiner Truppe zurück. Er dachte, wie er offen zugibt, überhaupt nicht daran. Er wollte hier als Zivilist das Ende des Krieges abwarten, das nach seiner Überzeugung täglich eintreten mußte. Den deutschen Soldaten erklärte er wiederholt, von der Wehrmacht entlassen zu sein. Den ihn erneut am 25. Oktober 1944 bekanntgegebenen

Räumungsbefehl des östlichen Ortsteil von Konzen beachtete er nicht. Er tat das Gegenteil und wechselte zum Feind über, weil er befürchtete, in Deutschland als Fahnenflüchtiger aufgegriffen zu werden. Mit den Geschwistern Völl und Herzog floh er nach Mützenich, das, wie er wußte, vom Amerikaner besetzt war.

Der Angeklagte hat sich hiernach der Fahnenflucht schuldig gemacht. Er war sich seiner Tat voll bewußt und war wiederholt über die Folgen einer Fahnenflucht belehrt worden. Er war daher gemäß § 69, 70 Militärstrafgesetzbuch zu bestrafen.

Bei dem vorliegenden Sachverhalt kann nur die schwerste zulässige Strafe für Fahnenflucht in Frage kommen. Die Jugend des Angeklagten, die bisherige gute Führung sowie Straflosigkeit konnten hierbei nicht berücksichtigt werden. Er hatte sich zwar einmal einsatzbereit gezeigt. Nun, da nach seiner Ansicht der Krieg verloren war, beging er die schimpflichste Tat, die ein Soldat begehen kann und wurde fahnenflüchtig. Er glaubte, es nicht nötig zu haben, alles für den Existenzkampf einzusetzen. Gerade in diesem kritischen Stadium mußte er zeigen, daß er seine Heimat, die gefährdet war, bis zum Letzten zu verteidigen bereit war. Während Jünglinge und Greise zu den Fahnen eilen, wird er fahnenflüchtig. Mit seiner Tat hat sich der Angeklagte außerhalb jeder soldatischen Gemeinschaft und damit auch außerhalb der Volksgemeinschaft gestellt. Ein Soldat, der im Augenblick des erbitterten Existenzkampfes die Fahne verläßt und glaubt, vorzeitig die Flinte ins Korn werfen zu können, hat kein Recht darauf, in dieser soldatischen Gemeinschaft zu leben. Der Angeklagte steht sogar in dem Verdacht, bei seiner Vernehmung durch den Lehrer Flecken dem Feinde wichtige Auskünfte gegeben und den amerikanischen Spähtrupp geführt zu haben, beziehungsweise behilflich gewesen zu sein.

Der Angeklagte war daher mit dem T o d e zu bestrafen.

Der Verlust der Wehrwürdigkeit mußte zwingend gemäß § 31 Militärstrafgesetzbuch ausgesprochen werden. Auf Aberkennung der bürgerlichen Ehrenrechte auf Lebenszeit wurde gemäß § 32 Reichsstrafgesetzbuch erkannt.

Wahren

Vermerk

Wilhelmshaven, den 3. 3. 1945

Das Urteil wurde vom Oberbefehlshaber der Kriegsmarine am 19. 2. 1945 bestätigt und am 27. 2. 1945 in Wilhelmshaven durch Erschießen vollstreckt.

Unterschrift
Marineoberinspektor

Mit 18 Jahren hatte sich im Mai 1943 der Filmzeichner Gerhard CWIENK aus dem Kreis Kattowitz freiwillig zur Kriegsmarine gemeldet; er tat dort aber nur zwei Wochen Dienst und verließ, von der militärischen Disziplin angewidert, die Truppe, noch ehe er vereidigt war. Auf einer abenteuerlichen Fahrt wurde er in Südfrankreich festgenommen.

Das Militärgericht glaubte, auch im Falle Cwienk trotz dessen jugendlichen Alters, trotz dessen „nur sehr kurzen Soldatenzeit und trotz des Umstandes, daß der Angeklagte noch nicht vereidigt war, auf der Todesstrafe bestehen zu müssen." Ohne den Besonderheiten der Sachlage gerecht zu werden, verstieg sich das Gericht in seiner Urteilsbegründung zu der widerlichen Phrase, daß Cwienks Verhalten „einen Treubruch gegenüber dem Führer, den Kameraden und der Heimat" bedeute.

Gericht   11. 7. 43
des 2. Admirals der Nordseestation
Zweigstelle Utrecht
St.L.J. VIII Nr. 59/43

Feldurteil
im Namen des Deutschen Volkes!

In der Strafsache gegen
      den Matrosen Gerhard C w i e n k N 20 328/43 –
      vom Kommando 4./20. Schiffsstammabteilung in Ede
      geboren 26. 4. 1925 in Lipine, Kreis Kattowitz
wegen Fahnenflucht
hat ein am 9. Juli 1943 in Ede
auf Befehl des Gerichtsherrn und 2. Admirals der Nordseestation
zusammengetretenes Feld-Kriegsgericht,
an dem teilgenommen haben
    als Richter:
      1. Marinekriegsgerichtsrat Herrmann, Verhandlungsleiter,
      2. Kapitän zur See (Ingenieur) Kersten,
      3. Matrosenobergefreiter Denecke,
    als Vertreter der Anklage:
      Marinehauptkriegsgerichtsrat Dr. Kotthaus,
    als Urkundsbeamter der Geschäftsstelle:
      Marinejustizoberinspektor Eilert,
für Recht erkannt:
    Der Angeklagte wird wegen Fahnenflucht im Felde zum Tode, zur
Wehrunwürdigkeit und zum Verlust der bürgerlichen Ehrenrechte auf
Lebenszeit verurteilt.

Gründe

I.

    Der Angeklagte, Matrose Gerhard C w i e n k, von der 4./20. Schiffs-
stammabteilung, ist am 26. 4. 1925 in Lipine, Kreis Kattowitz (OS) geboren, katholischen Glaubens und von Beruf Filmzeichner. Sein Vater
ist stellvertretender Betriebsleiter und technischer Angestellter bei der
Donnersmarck-Hütte in Hindenburg in Oberschlesien. Seine Mutter
heißt Margarete, geborene Schäfer. Er hat noch einen älteren Bruder,
der Soldat an der Ostfront ist, und eine Schwester. Die Familie gehört
zum deutschen Volkstum im früheren Polen, erwarb aber erst im Laufe
des Krieges die deutsche Staatsangehörigkeit. Der Angeklagte besuchte im ehemaligen Polen 7 Jahre lang die deutsche Volksschule und
mußte dann noch 1 Jahr die polnische Schule besuchen. Er spricht flie-

ßend polnisch und deutsch. Nach Beendigung der Schulzeit sollte er nach dem Wunsche des Vaters einen technischen Beruf ergreifen. Hiermit war er aber nicht einverstanden, da er Talent zum Zeichnen hatte und ein freier Mann sein wollte. Mit 15 Jahren hatte er bereits das Elternhaus verlassen und sich nach Berlin begeben, wo er zunächst durch Vermittlung des Arbeitsamtes vorübergehend als Hilfsarbeiter in einer Fabrik untergebracht wurde und dann in der Kultur- und Werbefilm-Abteilung der Ufa als Trickzeichner und stellvertretender Kameramann tätig war. In der letzten Zeit dieser Tätigkeit hatte er ein Bruttoeinkommen von monatlich 200 Reichsmark. Er wohnte in Berlin in einem Hospiz. Nach seinen Angaben war er infolge der schlechten Ernährungslage in Berlin unterernährt und krank und hatte deshalb 10 Tage wegen Körperschwäche im Krankenhaus gelegen, worauf er vorübergehend verschickt werden sollte. Dazu sei es jedoch nicht gekommen. Wie der Angeklagte ferner angibt, hat sein Vater getrunken, worunter er und seine Mutter in seiner Jugend viel gelitten hätten. Diese schlechten häuslichen Verhältnisse seien für ihn auch mit bestimmend gewesen, daß er das Elternhaus so früh verließ. Seine Mutter sei seit etwa 2 Jahren wegen Nervenkrankheit in einem Krankenhaus untergebracht. Seine Familie sei im ehemaligen Polen wegen ihres Deutschtums sehr angefeindet worden. Der Angeklagte behauptet, daß er sich mit seinem Vater, der zunächst mit seinem Weggang aus dem Elternhaus nicht einverstanden gewesen sei, wieder ausgesöhnt und mit ihm auch korrespondiert habe.

Am 16. 5. 43, also kurze Zeit nach Vollendung seines 18. Lebensjahres, wurde er auf Grund einer freiwilligen Meldung zur Kriegsmarine einberufen. Dort hat er nur etwas über 2 Wochen Dienst getan. Vereidigt war er noch nicht. Seine Führung wird im Führungszeugnis mit gut bezeichnet. Gerichtlich oder disziplinar vorbestraft ist er nicht.

II.

Die Hauptverhandlung hat auf Grund der eigenen Einlassung des Angeklagten, der Aussagen der in der Hauptverhandlung vernommenen Zeugen, Oberbootsmaat Steffens und Matrose Sewer, der schriftlich niedergelegten und in der Hauptverhandlung verlesenen Aussage des Zeugen, Matrose Hilgenstock, des verlesenen Berichtes der Feldpolizei vom 21. 6. 43 sowie der Urkunden, die zum Gegenstand der Hauptverhandlung gemacht worden sind, folgenden Sachverhalt ergeben:

Der Angeklagte konnte sich von Anfang an an die militärische Disziplin nicht gewöhnen. Er empfand sie als unerträglich. Er trug sich deshalb mit dem Gedanken, aus der Wehrmacht wieder auszuscheiden und hatte nur noch keine rechte Vorstellung, wie er das am besten anfangen sollte. Er hatte sich mit einem Kameraden, der die holländische Sprache beherrschte, nämlich dem Matrosen Hilgenstock, über die

Verhältnisse in Holland unterhalten, ihn etwas danach ausgefragt und sich einige holländische Ausdrücke sagen lassen. Das Gespräch kam auch auf das Gerücht, daß Holländer von englischen Flugzeugen aus Holland abgeholt würden. Hilgenstock ahnte jedoch nicht, was der Angeklagte eventuell beabsichtigte. Dieser wollte nach seinen Angaben nur wissen, auf welchem Wege man am besten unbemerkt aus Holland herauskäme. Ihm schwebte vor, in die weite Welt, möglichst nach dem Süden, und zwar zunächst nach Spanien, zu gehen und von dort eventuell weiterzukommen. Als Anfang Juni 1943 die Rekruten ihr Zivilzeug abgeben mußten, kam der Angeklagte auf den Gedanken, es zu behalten und zur Flucht zu benutzen. Von seinem Zivilzeug konnte er sich überhaupt nur sehr schlecht trennen, wie aus seinen Briefen hervorgeht. Er versteckte nun den Koffer mit dem Zivilzeug am 3. 6. 43 in der Exerzierhalle. In der Nacht vom 3. zum 4. 6. 43, und zwar gegen 3.00 Uhr, verließ er dann heimlich die Stube, ging in die Exerzierhalle und zog sich dort sein Zivilzeug an. Er hatte jetzt endgültig den Entschluß gefaßt, zu fliehen. Er nahm seinen deutschen Staatsangehörigkeit-Ausweis, seine Kennkarte, einige Briefe, seinen Zeichenblock und sein Notizbuch, sein Wasch- und Rasierzeug sowie 80 holländische Gulden und verließ damit die Kaserne, indem er unbemerkt über den Zaun kletterte. Er ging zum Bahnhof und benutzte den ersten Zug nach Utrecht ohne Fahrkarte. Von Utrecht fuhr er mit einer Fahrkarte nach Amsterdam. Dort blieb er zuerst 2 Tage, um sich die Stadt anzusehen. Er übernachtete in dem Hotel „Rheinischer Hof" an der Amstel. Da er keine Lebensmittelmarken hatte, aß er in Wirtschaften Stammgerichte. Nach 2 Tagen kam er auf den Gedanken, nach Leeuwarden zu fahren. Als er dort merkte, daß er nicht weiterkam, fuhr er wieder nach Amsterdam zurück. Für die Fahrt hin und zurück hatte er sich eine Fahrkarte gelöst. Einen besonderen Grund, weshalb er gerade nach Leeuwarden fuhr, hatte er nach seinen Angaben nicht. Er wollte alles dem Zufall überlassen. In Amsterdam blieb er dann noch einige Tage und übernachtete wieder in einem Hotel. Als er merkte, daß er nicht weiterkam und sein Geld ausging, fuhr er nach Maastricht, um über die Grenze nach Belgien zu kommen, was ihm auch durch Täuschung der Kontrollbeamten gelang. In einem belgischen Restaurant wechselte er 10 Gulden in etwas mehr als 200 belgische Franken um. Von diesem Geld will er sich dann eine Fahrkarte nach Lüttich und von dort weiter nach Brüssel besorgt haben. In Brüssel habe er einen 30jährigen Belgier kennengelernt, mit dem er sich etwas angefreundet und der ihn auch geldlich unterstützt habe. Irgend etwas Besonderes habe der Belgier nicht von ihm verlangt. Von Brüssel sei er dann mit einer gelösten Fahrkarte nach Paris gefahren. Bei der Überquerung der französischen Grenze gelang es ihm wiederum, der Kontrolle auszuweichen, und zwar auf eine schwierige Art und Weise. In Paris kam er in den Morgenstunden an, und zwar am 11. Tage nach seiner Flucht. Dort stellte er fest, daß der günstigste Zug nach Südfrankreich und über die spanische Grenze gegen Abend fuhr. Als Ziel hatte er sich zunächst Irun hinter der spanischen Grenze ausgesucht. Nachdem er einige Sehenswürdigkeiten von Paris besichtigt hatte, schmuggelte er sich am Abend ohne Fahrkarte auf den Bahnsteig in den Zug. Es gelang ihm, während der Fahrt bei der Zugkontrolle nicht aufzufallen. Am Vormittage des folgenden Tages, dem 16. 6. 43 gegen 10.30 Uhr, lief der Zug auf der Grenzstation Puyoo ein, ohne weiterzufahren. Beim Aussteigen wurde der Angeklagte dann von einem Zollbeamten festgenommen und zunächst nach St. Jean Pied de Port und später in die Kriegswehrmachthaftanstalt Bayonne gebracht, von wo er dann zu seinem Kommando zurückgeführt wurde.

III.

Nach vorstehenden Sachverhalt hat sich der Angeklagte einer F a h - n e n f l u c h t, begangen im Felde, gemäß Paragraph 69 in Verbindung mit Paragraph 9 Ziffer 1 Militärstrafgesetzbuch schuldig gemacht. Er hat am 4. 6. 1943 seine Truppe verlassen und ist ihr dann bis zu seiner Festnahme am 16. 6. 1943 ferngeblieben i n d e r A b s i c h t, sich der Verpflichtung zum Dienst in der Wehrmacht dauernd zu entziehen. Die Tat ist deshalb *im Felde* begangen, weil sich die Wehrmacht im Kriegszustand befindet. Daß der Angeklagte sich des Dienstes in der Wehrmacht *dauernd* entledigen wollte, gibt er selbst zu und ist auch aus seinem Verhalten während der Flucht zu entnehmen. Er gibt ferner zu, gewußt zu haben, was Fahnenflucht bedeutet und wie sie bestraft wird. Seine Behauptung, er habe geglaubt, die Fahnenflucht sei nicht so schlimm, wenn sie vor der Vereidigung begangen würde, kann nur bei der Strafzumessung berücksichtigt werden.*

IV.

Nach Paragraph 70 Militärstrafgesetzbuch ist die Strafe für Fahnenflucht, die im Felde begangen wird oder die einen besonders schweren Fall darstellt, Todesstrafe oder lebenslanges oder zeitiges Zuchthaus. Neben dieser Gesetzesbestimmung sind für die Strafzumessung bei Fahnenflucht die Richtlinien des Führers und Obersten Befehlshabers der Wehrmacht vom 14. 4. 1940 heranzuziehen. Nach Ziffer I Absatz 2 dieser Richtlinien ist die Todesstrafe im allgemeinen angebracht bei Flucht oder versuchter Flucht ins A u s l a n d. Hiernach glaubte das Gericht, auch gegen den Angeklagten auf die Todesstrafe erkennen zu müssen, da er sich ja bereits von Holland nach Belgien und Frankreich begeben hatte und von dort ins neutrale Ausland, nämlich nach Spanien, flüchten wollte. Er wollte sich damit dem Zugriff des Deutschen

---

* Letzten Endes hat das Gericht jedoch eine solche Berücksichtigung unterlassen und durch die Verhängung des Todesurteils sich selbst widersprochen.

Reiches ganz entziehen. Allgemein ist ferner zu sagen, daß die Fahnenflucht eins der schwersten Verbrechen darstellt, das ein Soldat begehen kann. Fahnenflucht bedeutet einen Treubruch gegenüber dem Führer, den Kameraden und der Heimat. Je länger der Krieg dauert, um so mehr kommt es auf jeden deutschen Soldaten an und um so schärfer muß deshalb bei der Bestrafung von Fahnenflüchtigen durchgegriffen werden. Trotz des jugendlichen Alters des Angeklagten und seiner nur sehr kurzen Soldatenzeit und trotz des Umstandes, daß der Angeklagte noch nicht vereidigt war, glaubte das Gericht, von der grundsätzlich notwendigen Todesstrafe hier nicht abweichen zu können.

Neben der Todesstrafe mußte nach Paragraph 31 Militärstrafgesetzbuch auf Verlust der Wehrwürdigkeit erkannt werden.

Wegen der Schimpflichkeit des Verbrechens sind dem Angeklagten ferner die bürgerlichen Ehrenrechte auf Lebenszeit gemäß Paragraph 32 Reichsstrafgesetzbuch abgesprochen.

Herrmann

Der Oberbefehlshaber der Kriegsmarine hat am 21. 7. 43 das Urteil bestätigt und die Vollstreckung angeordnet.

Utrecht, den 26. 7. 43
Unterschrift
Marinejustizinspektor als
Urkundsbeamter

Vermerk

Die Todesstrafe ist am 26. 7. 43 vollstreckt worden.

Utrecht, den 26. 7. 43
Unterschrift
Marinejustizinspektor als
Urkundsbeamter

Der 34jährige Tiefbauarbeiter Bernhard DREJA aus Oberschlesien, verheiratet und Vater von fünf Kindern, wurde im Dezember 1943, als der Krieg bereits verloren war, zu einem Grenadier-Ersatz-Bataillon einberufen. Er folgte dem Einberufungsbefehl nicht, und zwar aus religiöser Überzeugung; er könne es mit seinem Gewissen nicht vereinbaren, „Menschenblut zu vergießen".

Das Gericht sah in dieser Weigerung eine „Fahnenflucht im Felde" und verurteilte den nicht vorbestraften Familienvater zum Tode. Vorsitzender war übrigens auch in diesem Fall Staatspräsident Werner Lueben, der sich im Herbst 1944 wegen seines unbewältigten Gewissenskonfliktes das Leben nahm.

Im Namen
des Deutschen Volkes!

Feldurteil

In der Strafsache gegen
 den Wehrpflichtigen Bernhard D r e j a,
 Grenadier-Ersatz-Bataillon 350,
wegen Fahnenflucht und Zersetzung der Wehrkraft
(Verweigerung des Wehrdienstes)
hat das Reichskriegsgericht, 2. Senat, in der Sitzung vom 5. April 1944,
an der teilgenommen haben
 als Richter:
  Senatspräsident Lueben, Verhandlungsleiter,
  Vizeadmiral Arps,
  Generalmajor Schöbel,
  Oberst Dautwiz,
  Oberkriegsgerichtsrat Kaehler,
 als Vertreter der Anklage:
  Oberkriegsgerichtsrat Pelzer,
 als Urkundsbeamter:
  Reichskriegsgerichtsoberinspektor Wagner,
 für Recht erkannt:
Der Angeklagte wird wegen Fahnenflucht und Verweigerung des
Wehrdienstes zum Tode und zum Verlust der bürgerlichen Ehrenrechte
und der Wehrwürdigkeit verurteilt.
 Von Rechts wegen.

Gründe

1.) Der Angeklagte ist am 25. 7. 1909 in Bismarckhütte (Oberschlesien) als Sohn einens Hüttenarbeiters geboren. Nach Besuch der Volksschule war er im Bergbau und als Tiefbauarbeiter tätig. Er ist verheiratet und hat 5 Kinder im Alter von 1 bis 12 Jahren. Bestraft ist er nicht.

Nachdem er im katholischen Glauben aufgewachsen war, befaßte er sich mit dem Lesen religiöser Schriften, zum Beispiel des „Goldenen Zeitalters" und darauf mit dem Studium der Bibel und besuchte Versammlungen der „Ernsten Bibelforscher". Im Jahre 1931 trat er aus der katholischen Kirche aus, weil nach seiner Ansicht deren Lehre im Widerspruch zur Lehre Christi steht.

2.) Etwa Mitte Dezember 1943 erhielt der Angeklagte vom Wehrmeldeamt in Gleiwitz einen Einberufungsbefehl. Danach hatte er sich am

19. 12. 1943 beim Grenadier-Ersatz-Bataillon 350 in Kattowitz zu melden. Im Einberufungsbefehl ist er – wie üblich – darauf hingewiesen worden, daß er vom Gestellungstage 0 Uhr ab Soldat sei, damit den für Soldaten gültigen Gesetzen, Verordnungen und Bestimmungen unterliege und bei unentschuldigtem Fernbleiben Bestrafung nach den Wehrmachtsgesetzen zu gewärtigen habe. Trotzdem leistete der Angeklagte dem Einberufungsbefehl keine Folge, sondern ging weiter seiner Arbeit nach. Nachdem er am 21. 1. 1944 festgenommen worden war, erklärte er bei seinen Vernehmungen im Ermittlungsverfahren und in der Hauptverhandlung, daß er die Ableistung des Wehrdienstes verweigern müsse, weil er es mit seinem Gewissen und seiner religiösen Überzeugung nicht vereinbaren könne, Menschenblut zu vergießen. Bei diesem Standpunkt ist er trotz eindringlicher Hinweise auf die Folgen seines Verhaltens verblieben.

3.) Der Angeklagte ist Reichsdeutscher und damit wehrpflichtig. Er ist mit dem Tage seiner Einberufung zum Wehrdienst Soldat geworden und als solcher verpflichtet, Wehrdienst in jeder von ihm verlangten Form zu leisten und gegen den Feind die Waffen zu führen. Er ist sich auch, wie er zugibt, dieser Pflichten bewußt.

Dadurch, daß er dem Einberufungsbefehl keine Folge geleistet hat, ist er als Soldat seiner Truppe ferngeblieben. Diese Tat hat er, wie er zugibt, aus religiösen Gründen in der Absicht begangen, sich der Verpflichtung zum Dienste in der Wehrmacht dauernd zu entziehen. Er hat sich dadurch der Fahnenflucht schuldig gemacht, und zwar gemäß § 9 Nummer 1 Militärstrafgesetzbuch im Felde. Hieran ändert die Tatsache nichts, daß er sein Verhalten aus religiöser Überzeugung für geboten erachtet (§ 48 Militärstrafgesetzbuch). Bedenken, daß er für sein Verhalten nicht oder nicht voll verantwortlich ist, haben sich nicht ergeben. Der Angeklagte ist daher wegen Verbrechens gegen §§ 69, 70 Militärstrafgesetzbuch zu bestrafen.

Dadurch, daß er vom Tage seiner Festnahme an weiterhin den Wehrdienst verweigert, hat er es ferner unternommen, sich der Erfüllung des Wehrdienstes ganz zu entziehen. Er ist daher auch eines Verbrechens gegen § 5 Absatz 1 Nummer 3 KSSVO schuldig.

4.) Beide Straftaten stehen bei natürlicher Betrachtungsweise zueinander im Verhältnis der Tateinheit (§ 73 Strafgesetzbuch).

Schwerstes Strafgesetz im Sinne dieser Vorschrift ist der § 5 Absatz 1 Nummer 3 Kriegssonderstrafrechtsverordnung. Wer seinem Volk in schwerster Kriegszeit den Wehrdienst verweigert, hat sein Leben verwirkt. Der Senat musste daher auf Tod erkennen.

Die Verhängung der Ehrenstrafen beruht auf § 32 Strafgesetzbuch, § 31 Nummer 1 Militärstrafgesetzbuch.

Lueben   Arps   Schöbel   Kaehler
Oberst Dautwiz ist verhindert, seine Unterschrift beizufügen.
Lueben

Der berufslose Johann KOWALSKA, unehelicher Sohn einer polnischen Landarbeiterin, hatte eine unglückliche Jugend. In Waisenhäusern aufgewachsen, war er bereits mehrfach vorbestraft, als er schließlich im April 1941 zu dem notorisch grausamen Bewährungsbataillon 500 versetzt wurde. Nach einem harten Fronteinsatz kehrte er nicht zu seiner Truppe zurück; angeblich war er eingeschlafen. Aus Angst meldete er sich vier Wochen lang nicht bei einer Militärdienststelle.

Er wurde, nachdem man ihn aufgegriffen hatte, wegen Fahnenflucht angeklagt und zum Tode verurteilt. Zu seinem „militärischen Treubruch" komme hinzu – so die Urteilsbegründung –, „daß der Angeklagte auch in seinem Zivilberuf für die Volksgemeinschaft wenig geleistet hat und … als sozial wenig wertvoll angesprochen werden muß." Die Todesstrafe liege deshalb „in mehrfacher Hinsicht im Sinne der Richtlinien des Führers …" Auch in diesem Fall entblödete sich das NS-Militärgericht also nicht, gleichermaßen törichte wie menschenverachtende Phrasen anzubringen, anstatt sich sorgsam mit der Person und dem Sachverhalt auseinanderzusetzen. So wurde der erst nach der Urteilsverkündung in einem Rechtsgutachten festgehaltenen Behauptung Kowalskas, daß er Russe sei (und daher keine Treuepflicht gegenüber Hitler habe), überhaupt nicht nachgegangen. Diese Frage könne „dahingestellt bleiben"(!).

Gericht
der Wehrmachtkommandantur
Berlin
StPL III Nr. 288/1942

Feldurteil
im Namen des Deutschen Volkes!

In der Strafsache gegen
den Schützen Johann Kowalska,
Infanterie-Ersatz-Bataillon 500 in Fulda,
geboren am 4. 8. 1915 in Zangenberg, Kreis Zeitz,
hat das am 23. Juni 1942 in Berlin,
zusammengetretene Feld-Kriegsgericht der
Wehrmachtkommandantur Berlin,
an dem teilgenommen haben
  als Richter:
    Kriegsgerichtsrat Schmager, als Verhandlungsleiter,
    Hauptmann Böhr, Eisenbahn-Küchenwagen-Abteilung 1,
    Gefreiter Schmidt, Ersatz-Verpflegungs-Magazin 11,
    – als Beisitzer –
  als Vertreter der Anklage:
    Kriegsgerichtsrat Dr. Kreutzer,
  als Urkundsbeamter der Geschäftsstelle:
    Feldinspektor Wiese,
  für Recht erkannt:
Der Angeklagte ist der Fahnenflucht schuldig und wird deshalb zum
Tode verurteilt sowie ferner zum Verlust der Wehrwürdigkeit und zum
dauernden Verlust der bürgerlichen Ehrenrechte.

Gründe

Der Angeklagte ist am 4. 8. 1915 in Zangenberg, Verwaltungsbezirk
Zeitz, unehelich geboren. Er will seine Mutter nicht näher kennen. Nach
den amtlichen Ermittlungen war sie polnische Landarbeiterin. Sie ist
kurze Zeit nach der Geburt ausgewandert. Die Ermittlungen nach ihrem
derzeitigen Aufenthalt sind erfolglos geblieben.

Der Angeklagte ist in katholischen Waisenhäusern aufgewachsen. Einen eigentlichen Beruf hat er nicht gelernt. Nach dem Schulbesuch war
der Angeklagte landwirtschaftlicher Gehilfe. Nach seinen eigenen Angaben hat er die Arbeitstellen häufig gewechselt. Die Beweggründe
hierfür sind nicht mehr zu ermitteln gewesen.

Der Partei oder einer ihrer Gliederungen hat der Angeklagte nicht angehört.

Am 25. Januar 1939 wurde der Angeklagte vom Amtsgericht Paderborn wegen Diebstahls zu sechs Wochen Gefängnis verurteilt. Er hat diese Strafe auch verbüßt.

Am 13. Mai 1939 wurde der Angeklagte zu der 11. Kompanie/Infanterie-Regiment 83 einberufen. Seit dieser Zeit ist der Angeklagte ununterbrochen Soldat. Er hat an dem Polenfeldzug und an dem Feldzug gegen Frankreich ohne Auszeichnung teilgenommen. Nach der Beurteilung seines damaligen Kompaniechefs waren seine dienstlichen Kenntnisse und Leistungen mangelhaft. Der Kompanieführer bezeichnet ihn in seinem Auftreten in jeder Hinsicht unsoldatisch, er sei ein schlaffer, energieloser Soldat; er markiere nach außen hin den Dummen, in Wahrheit sei er ein durchtriebener und feiger Charakter, der auf jede nur erdenkliche Art seinen Vorteil suche, auf die Kameraden wirke sein Verhalten abstoßend, gegenüber Frauen sei der Angeklagte aufdringlich. Nach eigenen Angaben ist der Angeklagte insgesamt sechs Mal disziplinarisch bestraft.

Am 24. Juni 1940 hatte der Angeklagte seine Truppe unbefugt verlassen. Wegen dieser Tat wurde er durch Urteil des Feldkriegsgerichtes der 28. Division vom 4. Juli 1940 wegen unerlaubter Entfernung zu einem Jahr und 8 Monaten Gefängnis verurteilt. Diese Strafe wurde zunächst durch Verfügung des Gerichtsherrn in der Vollstreckung bis nach Beendigung des Kriegszustandes ausgesetzt. Die Verfügung wurde später widerrufen. Der Angeklagte hat einen Teil der Strafe in der Wehrmachtsgefangenenabteilung Silvrettadorf (Vorarlberg) bis zum 10. April 1941 verbüßt. Seine Arbeitsleistungen werden während dieser Strafhaft als nur eben genügend bezeugt. Am 10. April 1941 wurde der Angeklagte Angehöriger des Bewährungsbataillons 500 in Meiningen, später Fulda. Mit dieser Truppe kam der Angeklagte zum Einsatz im Feldzug gegen Rußland.

Im Juli 1941 war die Truppe auf dem Vormarsch gegen den Feind. Der Angeklagte hat an den Kämpfen bei Medyka (Südfront) teilgenommen. Er zeigte bei den Kampfhandlungen große Nervosität, die sich bis zur ausgesprochenen Angst steigerte. Die Truppe hatte in diesen Tagen nach den unwiderlegt gebliebenen Angaben des Angeklagten große Marschleistungen zurückzulegen. Die Truppe kam in Feindberührung am 13. Juli und erhielt Artilleriefeuer. Der Angeklagte suchte in einem Straßengraben Deckung. Der Zug, dem der Angeklagte angehörte, ist an jenem Tag unmittelbar danach etwas seitlich eingesetzt worden. Beim Abmarsch des Zuges wurde festgestellt, daß der Angeklagte fehlte. Ihm konnte jedoch nicht verborgen bleiben, daß Befehl zum Abrücken des Zuges gegeben worden war.

Der Angeklagte behauptet, er sei in dem Graben eingeschlafen. Als er erwacht sei, sei von seinem Zuge nichts mehr zu sehen gewesen, die Straße sei völlig frei von Soldaten gewesen; er habe sich noch an demselben Tage etwa vier bis fünf Stunden vorwärts geschleppt und sei dann bis in die Nähe einer Stadt gekommen, er sei völlig von Kräften gewesen, deshalb habe er sich außerhalb der Stadt in einem Bauernhause abseits der Straße eigenmächtig einquartiert, hier habe er sich in den ersten Tagen ausgeruht; Soldaten oder Kolonnen habe er nicht bemerkt. Später habe er festgestellt, daß in der Stadt ungarische Truppen lagen und daß in der Stadt eine deutsche Kommandantur eingerichtet war.

Am 16. August 1941 wurde der Angeklagte bei dem Bauern in dem Ort Mitzowce von einer Streife aufgegriffen. In dem Streifenbericht ist gesagt, „der Angeklagte habe sich bei dem Bauern häuslich niedergelassen". Der Angeklagte war in Uniform, seine Ausrüstungsstücke befanden sich in dem Quartier bei dem Bauern.

Dieser Sachverhalt ist auf Grund der Angaben des Angeklagten, des Berichts des Streifenführers und der Bekundung des Zugführers des Angeklagten, des Zeugen Feldwebels Hädicke, festgestellt. Das Gericht hat hiernach die Überzeugung erlangt, daß der Angeklagte die Absicht gehabt hat, sich der kämpfenden Truppe dauernd fernzuhalten, mithin in Fahnenfluchtsabsicht im Sinne des § 69 Militärstrafgesetzbuch gehandelt hat.

Er bestreitet, eine solche Absicht gehabt zu haben. Der Angeklagte macht geltend, er habe die Absicht, zurückzukehren, niemals aufgegeben, den Entschluß, sich freiwillig zu stellen, habe er immer wieder nur aus Angst vor der zu erwartenden Strafe auszuführen unterlassen; er habe sich zwar selbst gesagt, daß es mit jedem Tage schlimmer werde. Aus dieser gesteigerten Angst sei er nicht dazu gekommen, sich bei einer Wehrmachtdienststelle zu melden.

Diese Einlassung kann den Angeklagten nicht entlasten. Das Gericht hält sein Vorbringen für eine leere Schutzbehauptung. Der Angeklagte hat die Vorstellungen, daß er eigentlich wieder zur Truppe zurück müsse, immer wieder von sich gewiesen. Er war, als er schließlich festgenommen wurde, volle vier Wochen von der Truppe entfernt und hat sich nicht gescheut, sich bei dem fremden Bauern für diese ganze Zeit Kost und Logis gewähren zu lassen. Aus der Tatsache, daß in der Ortschaft die deutsche Feldkommandantur bestand, ergibt sich, daß es ein Leichtes gewesen wäre, den Weg zur deutschen Truppe zurückzufinden, wenn der Angeklagte wirklich den ernstlichen Willen dazu gehabt hätte. Die Tatsache, daß der Angeklagte die Meldung auf der Ortskommandantur geflissentlich wochenlang unterließ, kann bei ihm, als einem altgedienten Soldaten, nur so gedeutet werden, daß er die Absicht hatte, die Truppe zu meiden und sich der Verpflichtung zum Dienst in der deutschen Wehrmacht dauernd zu entziehen. Bei seinen besonderen soldatischen Verhältnissen war dem Angeklagten die Schwere der Strafe bei Fahnenflucht genau bekannt. Dadurch, daß er den Gedanken einer Rückkehr zur Truppe immer wieder von sich wies, hat er sich den Weg zur freiwilligen Rückkehr selbst verbaut. Er ist –

wenn nicht aus Feigheit – nur deshalb – zum mindesten seit dem 15. Juli 1941 – der Truppe ferngeblieben, weil ihm der Zwang zu steter strenger Pflichterfüllung bei der Truppe nicht paßte.

Der Angeklagte hat sich also durch sein Verhalten der Fahnenflucht, Verbrechen nach § 70 Militärstrafgesetzbuch, schuldig gemacht.

Bei der Strafzumessung fielen straferschwerend die zahlreichen disziplinaren Vorstrafen und die gesamte schlechte Führung des Angeklagten ins Gewicht. Er muß als ein innerlich haltloser energieloser Mensch bezeichnet werden, der sich der militärischen Zucht und Ordnung nicht fügen will. Die früher ausgesprochene Vorstrafe wegen unerlaubter Entfernung von der Truppe ist offensichtlich ohne jede Einwirkung geblieben. Der Angeklagte hat das in ihn gesetzte Vertrauen, sich als Angehöriger der „Bewährungstruppe" vor dem Feinde zu bewähren, nicht nur gröblich enttäuscht, sondern auch durch sein wochenlanges Herumtreiben in der Ortschaft bei den russischen Bauern den guten Ruf der deutschen Wehrmacht in Mißkredit gebracht. Schon mit Rücksicht darauf ist nach Ansicht des Gerichtes im Interesse der Manneszucht die Verhängung der im Gesetz zur Wahl gestellten schwersten Strafart, der Todesstrafe, geboten. Als besonders erschwerend kam in Betracht, daß der Angeklagte den militärischen Treubruch während des Vormarsches beging, und daß auch die Gedanken an seine Kameraden, die am Beginn schwerer Kämpfe standen, es nicht vermocht haben, den Angeklagten an seine Pflicht zu erinnern. Dazu kommt, daß der Angeklagte auch in seinem Zivilberuf für die Volksgemeinschaft wenig geleistet hat und nach den getroffenen Feststellungen als sozial wenig wertvoll angesprochen werden muß. Die Verhängung der Todesstrafe liegt deshalb in mehrfacher Hinsicht im Sinne der Richtlinien des Führers und obersten Befehlshabers der Wehrmacht vom 14. 4. 1940.

Daneben muß auf Verlust der Wehrwürdigkeit und den dauernden Verlust der bürgerlichen Ehrenrechte erkannt werden.

Schmager

Rechtsgutachten
in der Strafsache gegen den Schützen
Johann Kowalska

Der Angeklagte behauptet, er habe als Russe wegen Fahnenflucht nicht verurteilt werden dürfen. Tatsächlich ist er am 4. 8. 1915 in Zangenberg, Kreis Zeitz, als uneheliches Kind einer polnischen Landarbeiterin geboren.

Es kann die Frage der Staatsangehörigkeit des Angeklagten aber dahingestellt bleiben, da vorliegenden Falles, wie bereits im Vorgutachten ausgeführt, die Todesstrafe auch wegen unerlaubter Entfernung gemäß § 5 a Kriegssonderstrafrechtsverordnung aus Gründen der Mannszucht geboten ist.

Ich schlage daher folgende Verfügung vor:
„Ich bestätige das Urteil vom 23. 6. 1942.
Das Urteil ist zu vollstrecken."

Berlin, den 11. Juli 1942

Dr. Spindler
Kriegsgerichtsrat
im Oberkommando des Heeres

Zu St L III 288/42 des Gerichts
der Wehrmachtkommandantur Berlin

Strafsache
gegen
den Schützen Johann Kowalska

Ich bestätige das Urteil vom 23. 6. 1942.
Das Urteil ist zu vollstrecken.

Berlin, den 14. Juli 1942
Der Chef der Heeresrüstung
und Befehlshaber des Ersatzheeres.

Fromm
Generaloberst

Alfons Maryan KRAWIETZ, Sohn eines Polizeibeamten aus Oberschlesien, wurde mit 20 Jahren zur deutschen Wehrmacht eingezogen. Er wurde von einem polnischen Geistlichen überredet, sich den Partisanen anzuschließen; er behauptete nach Ableistung des Soldateneides und längerer Dienstzeit, er sei Pole und hätte gar nicht eingezogen werden dürfen. Zweifellos war dies eine widerspruchsvolle Argumentation und ein sehr untaktisches Verhalten. Dennoch hätte ein Gericht, das diesen Namen verdient, den Sachverhalt klären und rechtlich angemessen würdigen müssen.

Das Gericht läßt es aber „dahingestellt", ob Krawietz wirklich Deutscher war. „Der Besitz der deutschen Staatsangehörigkeit ist allerdings die Voraussetzung für den Eintritt der Wehrpflicht im Rechtssinne." Es sei jedoch anerkannten Rechts, daß „die Tatsache der Einstellung des Täters in die deutsche Wehrmacht maßgeblich" sei. „Das gilt auch für den durch einen fehlerhaften Staatsakt in den Wehrdienst eingestellten Nichtdeutschen." Dem widersprüchlichen Verhalten des Krawietz entspricht die widersprüchliche Argumentation der Richter, die zwar offenkundig über keine schlüssige Argumentation verfügten, aber unbedingt ein Todesurteil fällen wollten.

Im Namen
des Deutschen Volkes!

Feldurteil

In der Strafsache gegen
> den Obergefreiten Alfons Maryan Krawietz,
> 12./Infanterie-Regiment 442,

wegen Fahnenflucht und anderes
hat das Reichskriegsgericht, 1. Senat, in der Sitzung vom 30. Mai 1944,
an der teilgenommen haben
  als Richter:
> Senatspräsident Neumann, Verhandlungsleiter,
> Vizeadmiral Arps,
> Reichskriegsgerichtsrat Dr. Ernst,
> Oberst Röhrs,
> Oberst Dautwiz,

  als Vertreter der Anklage:
> Oberkriegsgerichtsrat Dr. Speckhardt,

  als Urkundsbeamter:
> Amtsrat Nüske,

für Recht erkannt:
Der Angeklagte wird wegen Fahnenflucht und wegen Kriegsverrats in
Tateinheit mit erschwerter Vorbereitung des Hochverrats zum Tode,
zum Verlust der Ehrenrechte und zum Verlust der Wehrwürdigkeit verurteilt.

Von Rechts wegen.

Gründe

I.

Der Angeklagte ist am 3. 3. 1920 in Hindenburg O/S. als Sohn des
Polizeibeamten Thomas Krawietz und seiner Ehefrau Anna geborene
Tkotz geboren. Das Vater des Angeklagten wurde im Jahre 1923 in
Ausübung seines Dienstes bei der Abstimmungspolizei in Kattowitz er-
schossen. Der Angeklagte besuchte sechs Jahre lang die Volksschule
in Kattowitz und anschließend sechs weitere Jahre eine katholische
Priesterschule in Krakau, da er katholischer Geistlicher werden wollte.
Da jedoch die Geldmittel seiner Mutter nicht mehr ausreichten, gab er
das Studium auf und lebte bis zur Besetzung von Kattowitz durch die
deutschen Truppen bei seiner Mutter. Zeitweise arbeitete er auf einer
Hütte in Kattowitz. Im September 1939 wurde er zu einem Bauern in

der Nähe von Troppau dienstverpflichtet. Am 2. Oktober 1940 wurde er zur deutschen Wehrmacht einberufen. Seine Grundausbildung erhielt er bei der Panzerjägerkompanie des Infanterie-Regiments 28 in Troppau. Dann kam er zur 12./Infanterie-Regiment 442 nach Tschenstochau. Mit dieser Einheit nahm der Angeklagte am Ostfeldzug teil. Im Mai 1942 wurde er zum Gefreiten und im November 1942 zum Obergefreiten befördert. Nach seiner Angabe ist er mit dem Eisernen Kreuz II, dem Infanterie-Sturmabzeichen in Silber und der Ostmedaille ausgezeichnet worden. Er wurde zweimal leicht verwundet und besitzt das Verwundetenabzeichen. Diese Angaben konnten nicht nachgeprüft werden, da nach Mitteilung seiner Truppe alle diesbezüglichen Unterlagen vernichtet worden sind.

Der Angeklagte ist ledig und nicht vorbestraft. In seinem Elternhause wurde ausschließlich polnisch gesprochen, obwohl seine Eltern beide deutschen Blutes waren. Erst während seiner Dienstzeit bei der deutschen Wehrmacht hat der Angeklagte die deutsche Sprache erlernt. Der einzige Bruder des Angeklagten dient ebenfalls bei der deutschen Wehrmacht, und zwar in einer Panzergrenadiereinheit.

Nach Mitteilung der Geheimen Staatspolizei sind der Angeklagte und seine Mutter in die Deutsche Volksliste, Abteilung III, aufgenommen worden und haben damit die deutsche Staatsangehörigkeit auf Widerruf erworben.

II.

Im Oktober 1942 weilte der Angeklagte auf Urlaub in seiner Heimat und besuchte bei dieser Gelegenheit seinen Bruder im Lazarett in Rajca. Dort lernte er den polnischen Kaplan Adamek kennen. Bei einem späteren Urlaub (Juni oder Juli 1943) suchte der Angeklagte den Adamek in dessen Wohnung auf. Hier redete Adamek dem Angeklagten zu, er solle nicht mehr zu seiner Truppe zurückkehren; er sei überhaupt nicht wehrpflichtig, da er nicht in die Deutsche Volksliste eingetragen sei; zum Wehrdienst sei er den Deutschen gut genug, aber wenn er verwundet oder sonstwie dienstuntauglich werde, dann gelte er als Pole, und niemand werde sich um ihn kümmern. Er forderte den Angeklagten auf, zu ihm zu kommen; er werde ihn zunächst verstecken und später zu den polnischen Partisanen vermitteln, die sich im ehemaligen Grenzgebiet aufhielten. Das Treiben dieser Partisanen schilderte er dem Angeklagten in verlockenden Farben. Ob Adamek schon bei dieser Unterredung von den politischen Zielen der Partisanen gesprochen hat, will der Angeklagte nicht mehr genau wissen. Jedenfalls aber war er von den Ausführungen des Adamek stark beeindruckt. Wenn er sich noch nicht sofort entschließen konnte, seiner Aufforderung Folge zu leisten, so nur deshalb, weil er fürchtete, seiner Mutter würde die Unterstützung entzogen werden. Der Gedanke an eine Fahnenflucht ließ ihn aber nicht mehr los und reifte bald zum Entschluß heran.

Am 5. August 1943 stand die Truppe des Angeklagten in der Nähe von Bjelgorod im Kampf mit den Sowjets. Es gelang dem Angeklagten, sich unbemerkt zu entfernen und mit einem Kraftwagen bis nach Charkow zu kommen. Von dort fuhr er mit einem Güterzug nach Grodek, wo er von einer Heeresstreife aufgegriffen wurde. Der dortige Bahnhofsoffizier gab ihm den Befehl, nach Lemberg zurückzufahren. Diesen Befehl führte der Angeklagte jedoch nicht aus, sondern fuhr mit einem Kraftwagen nach Reichshof. Bis hierher hatte der Angeklagte ständig seine Uniform getragen. Diese tauschte er nunmehr bei einem Bauern gegen Zivilkleider um, wobei er seine eigene Pistole hingab. Sein Soldbuch vernichtete er. Nach einigen Tagen begab er sich zu Fuß nach Rajca, wo er sofort den Kaplan Adamek wieder aufsuchte. Dieser erklärte ihm nunmehr, er könne ihn nicht verstecken, er habe auch keine Arbeitsmöglichkeit mehr für ihn. Es bleibe ihm daher nichts anderes übrig, als „in den Wald" zu gehen. Mindestens bei dieser Gelegenheit klärte Adamek den Angeklagten auch über die politischen Ziele der Partisanen auf. Es sei ihr Bestreben, wieder ein freies Polen zu errichten. Einstweilen verhielten sie sich noch ruhig; wenn jedoch die Lage für die Deutschen ungünstig werde, dann sollten sie die deutsche Polizei aus den Ortschaften vertreiben und die Herrschaft an sich reißen. Um sich mit Lebensmitteln zu versorgen, seien sie gezwungen, Raubüberfälle auszuführen. Durch Vermittlung des Adamek wurde der Angeklagte im Wald in der Nähe von Rajca mit einem Partisanen bekanntgemacht, der sich als früherer polnischer Offizier ausgab und den Angeklagen fragte, zu welcher Gruppe der dort tätigen Partisanen er wolle.

Die polnische Widerstandsbewegung „AK" (Armia Krajowa) unterhielt damals in Ostoberschlesien die sogenannte „Beskiden-Gruppe", sie setzte sich aus vier Untergruppen zusammen, die je nach ihrem Aufenthaltsort benannt wurde. So gab es unter anderem eine Romanka- und eine Malinka-Gruppe. Die „AK" (Armia Krajowa) hatte es sich zur Aufgabe gesetzt, für die gewaltsame Wiederaufrichtung eines unabhängigen polnischen Staates zu kämpfen. Der Auftrag der Beskiden-Gruppe im Besonderen bestand darin, durch Raubzüge und Überfälle das gesamte Beskidengebiet zu beunruhigen und so größere Polizeiverbände festzulegen.

Auf seinen Wunsch kam der Angeklagte zur Malinka-Gruppe, die aus drei bis zehn Mann bestand. Dort blieb er etwa zwei Wochen, während deren sich nichts Besonderes ereignete, da diese Gruppe genügend mit Lebensmitteln versehen war und keine Raubzüge zu unternehmen brauchte. Der Angeklagte erhielt hier den Banditennamen „Semp". Darauf kam er zur Romanka-Gruppe, wo er ein Jagdgewehr mit Munition sowie eine Eierhandgranate erhielt. Auch diese Gruppe, bei der ebenso wie bei der Malinka-Gruppe eine strenge Disziplin herrschte, bestand aus acht bis neun Mann. Mit ihr nahm der Angeklagte an zahlreichen Raubüberfällen teil. Am 24. 9. 1943 erfolgte ein Überfall auf den Inhaber einer Bäckerei in Wegierska-Gurka, einen Umsiedler aus Bessarabien. Es wurden 36 Brote, Mehl, Eier, Butter und Zucker entwendet, wobei der Eigentümer mit der vorgehaltenen Pistole bedroht wurde. Einem anderen Umsiedler aus Bessarabien, der in der Nähe von Zlotna ein Gehöft hatte, wurden, wiederum unter Anwendung von Waffengewalt, Lebensmittel, Stoffe, Gänse und Hühner geraubt. In einem Lebensmittelgeschäft in Zabnika wurden Eier, Zucker, Zigaretten usw. gestohlen. Der Angeklagte war auch an einem Vergeltungsunternehmen beteiligt, das die Romanka-Gruppe gegen einen Polen durchführte, der im Verdacht stand, ein Mitglied der Gruppe der deutschen Polizei verraten zu haben. Dieser Pole wurde mit Knüppeln niedergeschlagen; eine Kuh wurde ihm geraubt.

Als der hereinbrechende Winter den Aufenthalt im Freien verbot, verließ die Romanka-Gruppe im Oktober 1943 ihren bisherigen Lagerplatz und verteilte sich auf bewohnte Ortschaften. Der Angeklagte fuhr mit noch zwei anderen Banditen nach Sosnowitz, wo sie in einer Tischlerei Unterkunft fanden. Von hier aus führten sie bewaffnete Raubüberfälle aus. In einem Tabakwarengeschäft in Sosnowitz raubten sie unter Vorhalt der Pistole 3–4000 Zigaretten. Im Januar 1944 wurde ein Überfall auf das Wirtschaftsamt Kattowitz-Ost ausgeführt, wobei Bezugsscheine, Schreibpapier, Stempel und ein Lautsprecher entwendet wurden. Lebensmittelkarten, auf die es den Banditen in erster Linie angekommen war, fanden sie nicht.

Der Angeklagte hat zweimal eine monatliche Entlohnung von je 450 Reichsmark erhalten. In Sosnowitz bekam er falsche Ausweispapiere, zunächst auf den Namen Adamski, später auf den Namen Jankowski. Am 9. 2. 1944 wurde er festgenommen.

III.

Diese Feststellungen beruhen auf dem glaubwürdigen Geständnis des Angeklagten in Verbindung mit dem sonstigen Ergebnis des Ermittlungsverfahrens. Gegenüber der Anklage, die ihm Fahnenflucht und Kriegsverrat in Tateinheit mit Vorbereitung zum Hochverrat zur Last legt, macht er in erster Linie geltend, er sei nicht wehrpflichtig und unterliege daher nicht den deutschen Militärstrafgesetzen. Als er zum Wehrdienst einberufen worden sei, sei er noch minderjährig gewesen. Ihm sei nichts davon bekannt, daß er und seine Mutter zu dieser Zeit schon in die Deutsche Volksliste aufgenommen gewesen seien und damit die deutsche Staatsangehörigkeit auf Widerruf erworben hatten. Eine diesbezügliche Bescheinigung sei ihm nicht zugegangen. Er selbst habe nach Erreichung der Volljährigkeit keinen Antrag auf Eintragung in die Liste gestellt. Er sei daher Pole geblieben und zu Unrecht in die deutsche Wehrmacht eingestellt worden. Er habe sich früher keine Gedanken darüber gemacht, weil er angenommen habe, nach der Rückgliederung seines Heimatgebietes in das Deutsche Reich müßten eben alle jungen Leute, wie sie vorher in der polnischen Armee hätten dienen müssen, so jetzt deutsche Soldaten werden. Zunächst sei er zwar nicht gern Soldat geworden, dann aber habe es ihm bei der deutschen Truppe recht gut gefallen; in der deutschen Kameradschaft habe er sich wohlgefühlt, und seine Vorgesetzten seien gut gewesen. Innerlich habe er sich jedoch stets als Pole gefühlt und tue das auch heute noch. Er sehe jetzt ein, daß er auf die Hetzreden des Kaplans Adamek „hereingefallen" sei und bereue sein Verhalten sehr.

Daß die Partisanen für die Wiedererrichtung eines freien polnischen Staates kämpften, habe er spätestens bei der zweiten Besprechung mit Adamek erfahren; seine Beobachtungen bei den Partisanen hätten dies bestätigt. Er habe sich auch dort keineswegs wohlgefühlt, zumal er als deutscher Wehrmachtangehöriger von vornherein mit Mißtrauen behandelt worden sei. Als er gebeten habe, nach Hause entlassen zu werden, sei ihm das abgeschlagen worden und man habe ihm eine besondere Bewachung beigegeben. An den Raubüberfällen habe er sich nicht aktiv beteiligt, sondern lediglich Schmiere gestanden. Auch habe er bei dem Überfall auf das Wirtschaftsamt in Kattowitz keine beratende oder gar führende Rolle gespielt, sondern er habe mitgemacht, weil es befohlen worden sei.

IV.

Der Angeklagte ist auf Grund des Einberufungsbefehls, der ihm im September 1940 zugegangen war, am 2. 10. 1940 zur deutschen Wehrmacht eingerückt, hat den Fahneneid geleistet und ist bis zu seiner am 6. Oktober 1943 erfolgten Fahnenflucht, also mehr als drei Jahre lang, deutscher Soldat gewesen; er hat sich auch als solcher betrachtet, hat am Ostfeldzug teilgenommen und Auszeichnungen erhalten. Bei dieser Sachlage kann es dahingestellt bleiben, ob er zur Zeit seiner Einberufung bereits rechtswirksam in die Deutsche Volksliste eingetragen war und damit die deutsche Staatsangehörigkeit auf Widerruf erworben hatte. Der Besitz der deutschen Staatsangehörigkeit ist allerdings die Voraussetzung für den Eintritt der Wehrpflicht im Rechtssinne bei Erreichung des wehrpflichtigen Alters. Wäre die Eintragung des Angeklagten in die Deutsche Volksliste nicht ordnungsgemäß erfolgt, dann wäre der Angeklagte nicht wehrpflichtig gewesen und zu Unrecht eingezogen. Es ist jedoch heute anerkannten Rechts, daß für die Frage der Anwendbarkeit die Tatsache der Einstellung des Täters in die deutsche Wehrmacht maßgeblich ist. Das gilt auch für den durch einen fehlerhaften Staatsakt in den Wehrdienst eingestellten Nichtdeutschen. Während seiner Zugehörigkeit zur Truppe ist er Soldat und untersteht der deutschen Militärgerichtsbarkeit. Der Angeklagte hat sich auch, wie seine Einlassung in den verschiedenen Vernehmungen im Ermittlungsverfahren ergibt, nie im Irrtum über seine Zugehörigkeit zur Wehrmacht befunden. Er hat sich für wehrpflichtig gehalten, ist dem Einberufungsbefehl widerspruchslos gefolgt, hat den Fahneneid geleistet und drei Jahre lang in der Truppe Dienst getan. Er war sich auch nach seinem eigenen Geständnis klar darüber, daß sein Weggang von der Truppe am 5. Oktober 1943 mit dem Vorsatz, nicht mehr zu ihr zurückzukehren, Fahnenflucht war, und daß er die schwerste Strafe dafür zu erwarten haben würde.

Der Angeklagte hat am 5. Oktober 1943 seine Truppe in der Absicht verlassen, sich der Verpflichtung zum Dienst in der Wehrmacht dauernd zu entziehen. Er ist daher wegen Fahnenflucht gemäß § 69 Militärstrafgesetzbuch zu bestrafen.

Er ist sodann zu den polnischen Partisanen übergelaufen und hat sich in ihren Reihen gegen die deutsche Wehrmacht und die deutsche Verwaltung betätigt. Er wußte, daß er damit die Belange der Feindmächte unterstütze. Er ist daher der Feindbegünstigung schuldig (§ 91 b Strafgesetzbuch), die, da sie „im Felde" (§ 9 Militärstrafgesetzbuch) begangen ist, gemäß § 57 Militärstrafgesetzbuch als Kriegsverrat zu bestrafen ist.

In Tateinheit mit dem Kriegsverrat hat der Angeklagte ein Verbrechen nach §§ 80, 83 Absatz II, III begangen. Es war ihm bekannt, daß die polnischen Partisanen für die gewaltsame Wiederaufrichtung eines polnischen Staates und damit für die Losreißung zum Reich gehöriger Gebiete kämpften. Indem er sich in ihre Reihen eingliederte, verstärkte und förderte er den organisatorischen Zusammenhalt.

V.

Die im Felde begangene Fahnenflucht wird gemäß § 70 Militärstrafgesetzbuch mit dem Tode, mit lebenslangem oder mit zeitigem Zuchthaus bestraft. Nach den Richtlinien des Führers vom 14. 4. 1940 ist die Todesstrafe unter anderem dann angebracht, wenn der Täter sich während der Fahnenflucht verbrecherisch betätigt hat. Dieser Fall ist hier gegeben, da der Angeklagte sich nach dem Verlassen seiner Truppe des Hochverrats und des Kriegsverrats schuldig gemacht hat. (Angesichts der Schwere dieser Straftaten konnten die im Rahmen der Feindbegünstigung begangenen übrigen Verbrechen – schwerer Raub, Plünderung, Erpressung usw. – bei der rechtlichen Würdigung außer Betracht bleiben.) Der Senat hat wegen der Fahnenflucht auf Todesstrafe erkannt.

Die Vorbereitung eines hochverräterischen Unternehmens, bei dem die Tat auf Herstellung oder Aufrechterhaltung eines organisatorischen Zusammenhalts gerichtet ist, wird vom Gesetz mit dem Tode, mit lebenslangem Zuchthaus oder mit Zuchthaus nicht unter zwei Jahren bedroht, während für Kriegsverrat nur die absolute Todesstrafe vorgesehen ist. Da bei den letztgenannten Verbrechen Tateinheit (§ 73 Strafgesetzbuch) vorliegt, ist die Strafe dem § 57 Militärstrafgesetzbuch als dem Gesetz zu entnehmen, das die schwerste Strafe androht. Auch hier war daher auf Todesstrafe zu erkennen.

Die Verhängung der Ehrenstrafen rechtfertigt sich aus § 31 Strafgesetzbuch und § 32 Militärstrafgesetzbuch.

gez. Neumann   Arps   Dr. Ernst   Röhrs

zugleich für den inzwischen versetzten Oberst Dautwiz

Der siebzehnjährige, noch berufslose Helmut LÜCKHOF war ganz sicher nicht der nette Junge von nebenan; man hatte ihn wegen mehrerer Diebstähle verurteilt und eingesperrt. Aber seine soziale Devianz rechtfertigt keinesfalls das Todesurteil, das man über ihn verhängte, nachdem er sich von der Truppe abgesetzt hatte.

Im Mai 1944 war er zur Wehrmacht eingezogen worden und bereits am 20. Juli 1944 hatte er die Truppe unerlaubt wieder verlassen. Nach abenteuerlichen Fluchterlebnissen wurde er von seiner Mutter und dann von einem Gartenlaubenbesitzer der Wehrmacht gemeldet, beziehungsweise der Polizei übergeben.

Trotz seiner Jugend hat ihn das Gericht – was durchaus nicht zwingend geboten gewesen wäre – zum Tode verurteilt. Er sei ein „asozialer Mensch" so heißt es in der Begründung, das habe schon seine Verurteilung wegen Diebstahls gezeigt. Es wirkt zynisch, eine solche Abqualifizierung seitens deutscher Militärjuristen im Jahre 1944 zu hören, nachdem deutsche Waffenträger seit Jahren in Europa raubten und mordeten.

Gericht der Division Nr. 409,
Zweigstelle Marburg/Lahn
St.L. III Nr. 199/1944

Feldurteil
im Namen des Deutschen Volkes!

In der Strafsache gegen
    den Grenadier Helmut L ü c k h o f,
    1. Ausbildungs-Kompanie Grenadier-Ersatz- und Ausbildungs-
    Bataillon 57, Siegen/Westfalen
geboren am 20. September 1926 in Marburg/Lahn
wegen Fahnenflucht
hat das am 28. Juli 1944 in Marburg/Lahn
zusammengetretene Feld-Kriegsgericht,
an dem teilgenommen haben
    als Richter:
        Kriegsgerichtsrat Dr. Daudt, als Verhandlungsleiter,
        Hauptmann Schnellbacher, Grenadier-Ersatz-Bataillon 116,
        Marburg/Lahn
        Gefreiter Stroh, Grenadier-Kompanie/Grenadier-Ersatz-Bataillon
        116, Marburg/Lahn
    – als Beisitzer –
    als Vertreter der Anklage:
        Ober-Kriegsgerichtsrat Remmert,
    als Urkundsbeamter der Geschäftsstelle:
        Gefreiter Putsche,
    für Recht erkannt:
Der Angeklagte wird wegen Fahnenflucht zum T o d e verurteilt.
Gleichzeitig wird auf Verlust der Wehrwürdigkeit erkannt und werden
dem Angeklagten die bürgerlichen Ehrenrechte auf Lebenszeit aberkannt.

Gründe

    Der erst 17 Jahre alte Angeklagte hat einen Beruf nicht erlernt. Er ist
im Februar 1943 wegen Arbeitsverweigerung, zwei vollendeter Ein-
bruchsdiebstähle, eines versuchten Einbruchsdiebstahls und dreier
einfacher Diebstähle zu fünf Monaten Gefängnis verurteilt worden. Am
23. Mai 1944 wurde er zur Wehrmacht eingezogen. Am 27. 6. 1944
wurde er mit drei Tagen geschärften Arrest bestraft, weil er unerlaubt
die Kaserne verlassen hatte. Am 13. 7. 1944 wurde er durch Strafverfü-
gung mit sechs Wochen geschärften Arrest wegen unerlaubter Entfernung bestraft. Er hatte sich vom 2. bis 4. 7. 1944 in der Stadt herum-
getrieben. Die Vollstreckung war ausgesetzt zwecks Frontbewährung.

Am 20. 7. 44 begab sich der Angeklagte wieder unerlaubt in die Stadt. Er hatte vorher seine Mutter telefonisch angerufen und ihr gesagt, daß es ihm beim Militär nicht mehr gefalle, er haue jetzt ab. Der Angeklagte übernachtete im Freien und begab sich am nächsten Tage zu seiner Mutter. Diese rief die Truppe an. Von ihr wurde ein Unteroffizier zum Abholen des Angeklagten ausgesandt. Der Angeklagte sah den Unteroffizier kommen und flüchtete ohne Koppel und Mütze durch den Hintereingang in den nahen Wald. In der Nacht brach er in eine Gartenlaube ein und zog sich eine dort gefundene Ziviljacke über seine Uniform. Er wurde von dem Besitzer der Gartenlaube gestellt und der Polizei übergeben. Diesen Sachverhalt gibt der Angeklagte zu. Er gibt auch zu, daß er den festen Vorsatz hatte, nicht mehr zur Truppe zurückzukehren.

Danach muß der Angeklagte wegen Fahnenflucht nach § 69 Militärstrafgesetzbuch verurteilt werden. Die Strafe ist dem § 70 Militärstrafgesetzbuch in Verbindung mit den Richtlinien des Führes vom 14. 4. 1940 zu entnehmen. Der Angeklagte hat durch seine Verurteilung im Jahre 1943 gezeigt, daß er ein asozialer Mensch ist. Bei der Wehrmacht hat er gezeigt, daß er sich nicht an Disziplin und Ordnung gewöhnen kann. Während der Fahnenflucht hat er wieder einen Einbruchsdiebstahl begangen. Der Angeklagte hat auch auf das Gericht den Eindruck gemacht, daß eine Besserungsmöglichkeit bei ihm nicht besteht. Deshalb konnte trotz der Jugend des Angeklagten nur die Todesstrafe als angebracht angesehen werden und ist darauf erkannt worden. Daneben war gemäß § 31 Militärstrafgesetzbuch auf Verlust der Wehrwürdigkeit zu erkennen. Gleichzeitig wurden dem Angeklagten wegen der gezeigten ehrlosen Gesinnung gemäß § 32 Reichsstrafgesetzbuch die bürgerlichen Ehrenrechte auf Lebenszeit aberkannt.

Kriegsgerichtsrat
Dr. Daudt

Die besondere Rechtswidrigkeit der Todesurteile gegen Karl WEIPPERT und Günther SCHULZE liegt darin, daß beide – ganz gewiß sehr unzuverlässige und unbestreitbar vorbestrafte Männer – unter Überschreitung des gesetzlichen Strafrahmens zum Tode veruteilt wurden. Das Gericht stellte ausdrücklich fest, daß ihr Verhalten nur an Fahnenflucht grenze, dennoch reiche die für bloße „unerlaubte Entfernung" im Gesetz vorgesehene Gefängnisstrafe nicht aus. („Ein geordneter Strafvollzug in einer Feldstrafgefangenenabteilung ist nur gewährleistet, wenn Ausbrecher, auch wenn sich ihnen Fahnenflucht nicht nachweisen läßt, grundsätzlich mit dem Tode bestraft werden.")

Feldurteil
im Namen des Deutschen Volkes!

In der Strafsache gegen
1) Jäger Karl Weippert,
geboren am 22. 1. 1923 in Stuttgart,
2) Grenadier Günther Schulze,
geboren am 29. 11. 1922 in Stralsund,
beide 5./Feldstrafgefangenenabteilung,
wegen gemeinschaftlicher unerlaubter Entfernung,
hat das am 14. 6. 1944 in Brest-Bug
zusammengetretene Feldkriegsgericht
an dem teilgenommen haben
als Richter:
Kriegsgerichtsrat Borgmann, als Verhandlungsleiter,
Hauptmann Wulff, Pionierlehrbataillon 2 (motorisiert),
Obergrenadier Rech, Pionierlehrbataillon 2 (motorisiert),
als Vertreter der Anklage:
Hauptmann Dr. Rebhamm, Feldpostprüfstelle beim
Befh.Weissruth,
als Urkundsbeamter der Geschäftsstelle:
Gefreiter Schmiedt, Oberfeldkommandantur 399,
für Recht erkannt:
Die Angeklagten werden wegen gemeinschaftlicher unerlaubter Entfernung unter Überschreitung des regelmäßigen Strafrahmens (§ 5 a Kriegssonderstrafrechtsverordnung) zum Tode verurteilt.

Außerdem wird auf Wehrunwürdigkeit und auf Verlust der bürgerlichen Ehrenrechte auf Lebenszeit erkannt.

Gründe

Der 21 Jahre alte Angeklagte Weippert ist ein uneheliches Kind und nicht verheiratet. Die ersten Kinderjahre verbrachte er in Kosthäusern. Als er sechs Jahre alt war, heirateten seine Eltern, und er wurde nunmehr bei ihnen erzogen. Er besuchte die Volksschule, lernte Autolackierer und nahm, wenn auch selten, an dem Unterricht in der Gewerbeschule teil. Später arbeitete er bei verschiedenen Firmen als Maschinenarbeiter. Unter dem schlechten Einfluß seiner Mutter beging er verschiedene kleine Diebstähle und lief nach ihrer Entdeckung aus Furcht vor seinem Vater davon. Unterwegs beging er einen weiteren Diebstahl.

Er wurde dafür Ende 1938 vom Jugendgericht zu fünf Wochen Gefängnis verurteilt und unter Schutzaufsicht gestellt. Seine Mutter erhielt drei Monate Gefängnis wegen schweren Diebstahls. Er war dann eine zeitlang als Ausläufer in einer Buchhandlung tätig, unterschlug dabei Zeitschriften und Geld und wurde dafür 1939 wegen Unterschlagung zu einem Monat Gefängnis verurteilt, nachdem er zunächst auch wieder geflüchtet war. Nachträglich stellte sich dann heraus, daß er in der Zwischenzeit mit gleichaltrigen Kameraden neun schwere und elf einfache Diebstähle von Fahrrädern begangen hatte, wofür er mit neun Monaten Gefängnis bestraft wurde. Nach der Strafverbüßung kam er in Fürsorgeerziehung und dann auf einige Monate zum Reichsarbeitsdienst. Nach eigenen Angaben hat er vorübergehend dem Hitlerjugend-Bann 119 in Stuttgart – Kannstadt – angehört. Ende März 1942 wurde er zum Infanterie-Ersatz-Bataillon 470 in Luneville einberufen und als Maschinengewehr-Schütze ausgebildet. Er meldete sich freiwillig zu den Hochgebirgsjägern und kam mit dem 1./Gebirgsjäger-Bataillon 98 nach zweimonatiger Ausbildung zum Kaukasus. Er führte sich dort einwandfrei und straflos. Am 1. 3. 1943 wurde er durch Brust- und Armschuß verwundet und nach einigen Monaten Lazarettbehandlung im Juni 43 zum Gebirgsjäger-Ersatz-Bataillon 98 nach Garmisch versetzt, wo er sich schlecht führte. Er erhielt im August 1943 Ernteurlaub. Als ihm eine beantragte Urlaubsverlängerung abgeschlagen wurde, blieb er auf seiner Arbeitsstelle, begann ein Liebesverhältnis und strengte ein Strafverfahren gegen seinen Stiefgroßvater wegen Abhörens von ausländischen Sendern an. Um nicht vorzeitig entdeckt zu werden, besorgte er sich Leutnants-Uniform, ein Eisernes Kreuz I. Klasse, ein Kriegsverdienstkreuz II. Klasse und ein Infanteriesturmabzeichen. Dazu nahm er die entsprechenden Fälschungen im Soldbuch und auf dem Urlaubsschein vor. Der Kompanie teilte er mit, daß ihm bei einem Terrorangriff auf Stuttgart beide Füße abgeschlagen worden seien. Zur Bestätigung dieser Angabe fingierte er das Telegramm eines Lazarettchefarztes. Auf der Wehrmacht Kommandantur in Stuttgart erschien er als Leutnant und ließ sich einen Bezugsschein für einen Mantel ausstellen. Den Bezugsschein schickte er an die Heereskleiderkasse. Am 10. 12. 43 wurde er festgenommen und erhielt wegen Fahnenflucht unter anderem insgesamt acht Jahre Zuchthaus. Nach einigen Monaten Strafverbüßung im Wehrmachtsgefängnis Bruchsal, wo er sich nichts zu schulden kommen ließ, kam er Anfang Mai 1944 zur 5./Feldstrafgefangenenabteilung 1. an die Ostfront. Der Angeklagte ist kriegsverwendungsfähig.

Der Angeklagte Schulze ist 21 Jahre alt und stammt aus Stralsund. Auch er ist unehelich geboren. Die Mutter heiratete später einen anderen Mann, der den Angeklagten an Kindesstatt annahm. Der Angeklagte wuchs in geordneten häuslichen Verhältnissen auf, besuchte die Volksschule, wo er wegen Faulheit dreimal sitzen blieb, ergriff keinen festen Beruf, sondern war als landwirtschaftlicher Hilfsarbeiter tätig. Nach eigenen Angaben hat er von 1937 bis 1939 der Hitlerjugend angehört, ist aber aus beruflichen Gründen ausgeschieden. Der Angeklagte ist seit 4. 12. 41 Soldat, nahm nach kurzer Ausbildung von März bis September 1942 am Rußland-Feldzug teil und wurde durch Kopf-Streifschuß verwundet.

Er machte in einer Schützen-Kompanie der 60. Infanterie-Division (motorisiert) die Sommeroffensive bis Stalingrad mit. Nach seiner Genesung im Januar 43 kam er über den Ersatztruppenteil in Danzig zur Division Feldherrnhalle in Südfrankreich und im Sommer 1943 zur 21. Panzer-Division bei Paris, zu der ihn seine bisherige Einheit wegen schlechter Führung abschob. Am 11. 1. 44 wurde der Angeklagte auf einen Tag zur Zahnbehandlung nach Paris geschickt, kehrte aber nicht wie befohlen zurück, sondern blieb unerlaubt einen Monat in Paris, ließ sich dort zwar zahnärztlich behandeln, trieb sich aber in der Hauptsache mit Frauen herum. Er unterschlug während dieser Zeit 50,– Reichsmark und trug unberechtigt das Band zum Eisernen Kreuz II. Klasse, sowie das Infanteriesturmabzeichen. Er wurde dafür im März 1944 kriegsgerichtlich mit vier Jahren Gefängnis und Rangverlust verurteilt. (Er war nämlich vorher zum Gefreiten befördert worden.) In den Strafzumessungsgründen wurde der Angeklagte als verkommener, frecher und gerissener Mensch, als Bummelant und Hochstapler charakterisiert. Auch dieser Angeklagte kam über das Wehrmachtsgefängnis Bruchsal, wo er sich genügend führte, auszeichnend fleißig arbeitete, aber sonst wenig soldatische Haltung zeigte, Anfang Mai 1944 zur 5./Feldstrafgefangenenabteilung 1. nach dem Osten. Der Angeklagte besitzt an Auszeichnungen das Verwundetenabzeichen in schwarz. Er ist disziplinar 1942 und 1943 mit drei beziehungsweise acht Tagen geschärften Arrests wegen Überschreitung des Zapfenstreichs und Wachverfehlung bestraft worden. Der Angeklagte ist bedingt kriegsverwendungsfähig, weil er infolge seiner Kopfverletzung keinen Stahlhelm tragen kann.

Die Angeklagten lernten sich in der Feldstrafgefangenenabteilung 1. kennen, unterhielten sich wiederholt über ihre Erlebnisse und beschlossen, bei passender Gelegenheit zu flüchten, weil ihnen die Behandlung in der Abteilung nicht zusagte. Während eines allgemeinen Austretens vor Arbeitsbeginn entwichen sie am 22. 5. 44 dem Gefreiten Hasenclever unbemerkt. Sie erreichten die Rollbahn Pinsk-Brest und ließen sich am nächsten Tage von einem ungarischen Lkw bis Brest mitnehmen. In einem unbemerkten Augenblick stahl Weippert dem einen Ungarn die Pistole. Der Ungar merkte es nachträglich und übergab die Angeklagten der deutschen Feldgendamerie. Dort gaben sie sich als Jäger Toni Weissert und Obergefreiter Günther Wittstock, von der 1./Gebirgsjägerbataillon 98 aus und behaupteten, daß ihre Einheit in der Nähe von Brest liege, daß sie mit einem Lkw mit Stacheldraht auf der Fahrt nach Pinsk gewesen seien, und daß ihr Lkw unterwegs durch Heißlaufen in

Brand geraten sei; dabei hätten sie ihre Uniformblusen, ihre Waffen und Soldbücher eingebüßt. Die Angeklagten wurden vorläufig festgenommen. Weippert entwich am 24. 5. während des Austretens abermals, versuchte über die Brücken und über den Flugplatz aus dem Stadtbereich zu gelangen, wurde dann aber am 25. 5. wiederum festgenommen. Dieser Sachverhalt beruht auf den vorstehenden Angaben und einem späteren Geständnis der Angeklagten, der verlesenen Aussage des Gefreiten Hasenclever von der 5./Feldstrafgefangenenabteilung 1., der Meldung des Unteroffiziers der Feldgendarmerie Marx von der Armeesperrstelle in Brest und den in den Personalakten des Wehrmachtsgefängnisses Bruchsal enthaltenen früheren gegen die Angeklagten ergangenen Urteile nebst Beurteilungsnotizen.

Die Angeklagten geben den äußeren Sachverhalt nunmehr zu, behaupten aber, daß sie beabsichtigt hätten, sich über Brest zu ihrer bei Kowel vermuteten Einheit durchzuschlagen, um der schlechten Behandlung in der Feldstrafgefangenenabteilung zu entgehen und als freie Soldaten kämpfen zu können. Am Morgen des 22. 5. habe das Singen auf dem Marsch nicht geklappt, und es sei ihnen für den Abend dafür besonderer Dienst in Aussicht gestellt worden; aus Angst davor seien sie geflüchtet. Der Angeklagte Schulze behauptet, daß er alsbald nach dem Eintreffen bei der Feldstrafgefangenenabteilung sich dienstlich erkundigt habe, ob er nicht zum Bewährungsbataillon versetzt werden könne; das sei ihm rundweg abgeschlagen worden.

Das Verhalten der Angeklagten grenzt an Fahnenflucht. Sie konnten einer Strafvollstreckung in der Feldstrafgefangenenabteilung nur dadurch entgehen, daß sie sich ständig dem Truppendienst entzogen. Bei einiger Überlegung mußten sie sich sagen, daß sie bei der Fronttruppe nicht unbemerkt unterschlüpfen konnten, beziehungsweise daß sie auch ihr früherer Kompanie-Chef nicht dem Strafvollzug in der Feldstrafgefangenenabteilung entziehen könnte. Im Hinblick auf das jugendliche Alter der Angeklagten hat das Gericht es aber doch nicht für ganz ausgeschlossen halten können, daß sich die Angeklagen bei ihrer Flucht von der Hoffnung tragen ließen, daß sie irgendwo bei der Fronttruppe aufgenommen würden. Beide Angeklagte *haben sich im Frontdienst straffrei geführt.* Das Gericht hat nicht den Eindruck gewonnen, daß die Angeklagten feige sind. Bei dieser Sachlage erscheint ihre Einlassung zwar nicht gerade glaubwürdig, kann den Angeklagten aber auch nicht hinreichend sicher widerlegt werden. Die Angeklagten haben sich aber der unerlaubten Entfernung schuldig gemacht, weil sei unbefugt ihre Truppe verlassen und vorsätzlich länger als einen Tag im Felde ferngeblieben sind. Nach anerkannter Rechtsprechung spielt es dabei keine Rolle, daß die längere Dauer ihrer Entfernung durch die vorzeitige Festnahme entstanden ist.

Die Angeklagten waren daher nach § 64 Reichsstrafgesetzbuch (richtig: Militärstrafgesetzbuch) zu verurteilen.

Bei der Strafzumessung konnte das Gericht im vorliegenden Fall die nach § 64 Militärstrafgesetzbuch vorgesehene Gefängnisstrafe nicht für ausreichend erachten. Es handelt sich um eine strafbare Handlung gegen die Manneszucht, bei der hier die Aufrechterhaltung der Disziplin eine höhere Strafe verlangt. Beide Angeklagte sind bei der Aufnahme in das Wehrmachtsgefängnis Bruchsal schriftlich darüber belehrt worden, daß eine Entweichung aus dem Wehrmachtstrafvollzug immer den Verdacht erwecke, daß sie sich für dauernd dem Strafvollzug und damit dem Dienst bei der Wehrmacht entziehen wollten, und sie darum im Falle einer Entweichung stets mit Todesstrafe oder Zuchthaus wegen Fahnenflucht zu rechnen hätten. Ein geordneter Strafvollzug in einer Feldstrafgefangenenabteilung ist nur gewährleistet, wenn Ausbrecher, auch wenn sich ihnen Fahnenflucht nicht nachweisen läßt, grundsätzlich mit dem Tode bestraft werden. Erfahrungsgemäß kommen entwichene Feldstrafgefangene häufig mit der Ausrede, daß sie sich zur kämpfenden Truppe durchschlagen wollten. Wenn das Gericht eine solche Ausrede durchgehen lassen und die betreffenden Strafgefangenen nur mit Gefängnis unter Zurückführung in die Feldstrafgefangenenabteilung bestrafen würde, so würde dies mit der Zeit zu einer unerträglichen Häufung solcher unerlaubter Entfernungen führen. Das Gericht hält daher auch im vorliegenden Falle schon im Hinblick auf die schweren Vorstrafen der Angeklagten Verhängung der Todesstrafe unter Anwendung des § 5a Absatz 2 Kriegssonderstrafrechtsverordnung für erforderlich. Gleichzeitig war nach § 31 Militärstrafgesetzbuch auf Wehrunwürdigkeit und nach § 32 Reichsstrafgesetzbuch auf lebenslänglichen Verlust der bürgerlichen Ehrenrechte zu erkennen.

Borgmann

,Fahnenflucht' nach der Kapitulation!

Das nachfolgend abgedruckte verbrecherische Feldurteil erging am 9. Mai 1945 – und damit zu einem Zeitpunkt, da die Gesamtkapitulation der Hitlerwehrmacht (7. Mai 1945, 2.41 Uhr in Reims gegenüber den Westalliierten, am 9. Mai 0.16 Uhr in Karlshorst gegenüber Sowjetrußland) bereits bekannt war. Die wegen Fahnenflucht zum Tod verurteilten vier Soldaten wurden noch am 10. Mai um 10.16 Uhr von Gebirgsdivisionskommandos durch Erschießen hingerichtet (siehe S. 119).

In diesem Verfahren wurden sechs weitere Soldaten, ebenfalls wegen Fahnenflucht, zu hohen Zuchthausstrafen verurteilt, zwei Angeklagte wurden freigesprochen. Das Feldurteil wird hier nur insoweit wiedergegeben, als es die vier zum Tod Verurteilten betrifft; dazu wird das Hinrichtungsprotokoll abgedruckt.

Feldurteil
im Namen des Deutschen Volkes!

In der Strafsache gegen
1.) Hauptwachtmeister Josef Wenzl
2.) Wachtmeister Leopold Wickenhauser
3.) Unteroffizier Helmut Feyertag
4.) Unteroffizier Rudolf Zatsch [und sieben andere]
sämtliche 4./Gebirgs-Artillerie-Regiment 118,
wegen Fahnenflucht und anderes
hat das am 9. Mai 1945 in
Kvesmenes (Nord-Norwegen) zusammengetretene
Feldkriegsgericht der 6. Gebirgs-Division,
an dem teilgenommen haben
   als Richter:
      Oberfeldrichter Spies, als Verhandlungsleiter,
      Major Breuker, Kommandeur Aufklärungs-Abteilung 112,
      Hauptwachtmeister Leicher, Stabbatterie/
      Gebirgs-Artillerie-Regiment 118,
   als Anklagevertreter:
      Oberzahlmeister Hartger, III./Gebirgs-Jäger-Regiment 141,
   als Schriftführer:
      Stabsgefreiter Höfler, Stab 6. Gebirgs-Division,
   für Recht erkannt:
   Die Angeklagten Hauptwachtmeister Wenzl, Unteroffizier Feyertag
und Wachtmeister Wickenhauser
sind des militärischen Aufruhres, der Fahnenflucht und der Verleitung
zur Fahnenflucht schuldig. Sie werden deshalb *zum Tode,* zum Verlust
der Wehrwürdigkeit und zum Verlust der bürgerlichen Ehrenrechte
verurteilt. Wegen Fahnenflucht werden weiter verurteilt der Unteroffizier
Zatsch zum Tode, zum Verlust der Wehrwürdigkeit und der bürgerlichen Ehrenrechte ...

Gründe

I.

   Das II./Gebirgs-Artillerie-Regiment 118 ist im Signaltal eingesetzt. In
den Nachmittagsstunden des 8. Mai 1945 kam ein Fernspruch vom
Regiment zum Bataillon, in dem von dem Eintritt der Waffenruhe die
Rede war und ferner gesagt wurde, Bolschewiken wären auch nach
24 Uhr zu bekämpfen. Bei den Unteroffizieren der 4. Batterie Gebirgs-

Artillerie-Regiment 118 erweckte das zum Teil Besorgnisse, weil sie glaubten, die Division wollte entgegen den Weisungen des Oberkommandos, die durch Rundfunk bekanntgegeben worden waren, den Kampf fortsetzen. Solche Besorgnisse waren auch dadurch erweckt worden, daß durch Fernspruch durchgegeben war, im Bereiche der 20. (Gebirgs-) Armee behielte vorläufig der Deutsche Gruß seine Geltung, während er durch Rundfunkweisung der höchsten Führung abgeschafft war. Diese Besorgnis nutzte für sich aus der Obergefreite Grimburg, welcher vom 28. 4. bis zum 8. 5. mit dem Unteroffizier Kohlbacher zusammen auf der vorgeschobenen B-Stelle gewesen war. Grimburg war erst am Nachmittag des 8. 5. vom Versorgungsbataillon zurückgekommen, Grimburg war früher als Offiziersbewerber vorgesehen, war aber einmal bestraft und wegen charakterlicher Mängel für die Weiterbeförderung abgelehnt worden. Er trug Haß- und Rachegefühle gegen alle seine Vorgesetzten in sich und benutzte jetzt die Gelegenheit, die Unteroffiziere aufzuwiegeln. Vermöge seiner höheren Geistesbildung und kraft seiner großen kräftigen Gestalt und seines energischen Wesens war er dazu in der Lage. Am Abend besprach er sich mit einer größeren Anzahl von Unteroffizieren im Nachrichtenbunker.

Unter anderem waren dort versammelt der Wachtmeister Enzinger, die Unteroffiziere Bauer, Breisler, Kühner, Möstl, Stornig und die Obergefreiten Fulterer und Jakob. Fulterer und Jakob waren ohnehin zugegen, da sie in dem Bunker wohnten. Grimburg machte den Anwesenden den Vorschlag, die Batterie sollte geschlossen nach Schweden übergehen. Es wurden von einigen Seiten Einwendungen gemacht, die Grimburg aber zu zerstreuen wußte. (Hier ist im Original eine Zeile unleserlich). Der Obergefreite Fulterer suchte in der Zwischenzeit noch andere Unterkünfte auf und hat dort wahrscheinlich seine Freunde von dem Vorhaben verständigt. Ein Teil der Unteroffiziere begab sich dann zum Schreibstubenbunker, um den Hauptwachtmeister, Angeklagten Wenzl, ebenfalls zu gewinnen. Zunächst ging der Unteroffizier Savernig, dann der Unteroffizier Stornig, schließlich kam noch Enzinger, Kühner, Breisler und Möstl. Enzinger legte dem Hauptwachtmeister dar, daß er die Sache in die Hand nehmen und zum Chef gehen müßte. Der Hauptwachtmeister erklärte es für ausgeschlossen, den Chef dafür zu gewinnen. Enzinger machte ihm eindringlich klar, daß die Soldaten als Freischärler behandelt würden, wenn sie gegen die Russen weiterkämpften. Jetzt entschlossen sich der Hauptwachtmeister und die anderen, die in seinem Bunker lagen, nämlich der erste Schreiber, der Angeklagte Unteroffizier Feyertag, der Rechnungsführer Wachtmeister Parkehr und der Melder, Stabsgefreiter Salinger, aufzustehen und mitzutun. Es war dies etwa um 0.30 Uhr, da gerade um diese Zeit zwei Fernsprüche durchgekommen sind, deren Zeit feststellbar ist. Der größte Teil der Unteroffiziere, darunter Feyertag, ging jetzt zum Nachrichtenbunker herüber und faßte dort die weiteren Beschlüsse. Es wurde davon gesprochen, den Chef und den Batterie-Offizier, wenn sie nicht mitgehen wollten, zu zwingen oder zu fesseln und zu knebeln. Die Angelegenheit mit dem Batterie-Chef, Hauptmann Sornberger, erbot sich der Obergefreite Grimburg zu erledigen, den zwei kräftige Leute, nämlich der Unteroffizier Kühne und der Unteroffizier Breisler begleiten sollten. Die Angelegenheit mit dem Batterie-Offizier wollten die Unteroffiziere Kohlbacher, Möstl und Feyertag erledigen. Der Batterie-Chef, Hauptmann Sornberger, wohnte in einem Norweger-Haus, das in der Mitte der Längsfront die Tür hat. Durch diese tritt man auf einen kleinen Flur, von dem rechts und links je ein größerer Raum ist, der mit etwa je 15 Mann belegt war. Hauptmann Sornberger wohnte in einem kleinen abgeteilten Holzverschlag gegenüber der Haustür, in dem außer einem Bett und einem Tisch kaum ein Platz war. Grimburg ging in den Raum hinein und tötete Hauptmann Sornberg (Sic) durch einen Schuß durch die Schläfe und einen Schuß durch die Wange. Seine Begleiter gingen dann in die Mannschaftsräume und riefen „Auf! Alles antreten, alles raus, schnell packen" und ähnliches. Die Mannschaften erhoben sich in Eile, zogen sich an und stürzten zum Teil mit dem eilig errafften Gepäck, zum Teil auch ohne Gepäck und Waffen nach draußen. Inzwischen hatte sich in dem Bunker des Batterie-Offiziers, Leutnant Kuhn, folgendes begeben: Die drei genannten Unteroffiziere hatten mit der Pistole in der Hand den Bunker betreten. Es handelt sich um einen typenmäßigen Bunker, der einen kleinen Vorraum hat, von dem es nach rechts und links in je ein Zimmer geht. Es sind jedoch keine Türen innerhalb des Bunkers. Von Eingang aus gesehen rechts in dem Raume schliefen der Leutnant Kuhn und der Wachtmeister Wickenhauser, welcher Rechentruppführer war. In dem linken Raume befand sich die Vermittlung, die besetzt war mit den Angeklagten Auer und Stühmer. Außerdem schlief dort der Rechner, Obergefreite Vogg. Stühmer war wach, da er Vermittlungsdienst hatte. Zu ihm ging der Unteroffizier Möstl hinein, hielt ihn mit der Pistole in Schach und verbot ihm, die Vermittlung anzurühren. Feyertag und Kohlbacher gingen zu Leutnant Kuhn hinein, Kohlbacher weckte ihn. Leutnant Kuhn erhob sich verschlafen im Bette. Man setzte ihn in Kenntnis, was die Batterie vorhätte, Kuhn begriff das erst nicht und sagte, das sei Wahnsinn, dann sagte er, sie sollten zum Chef gehen, er führe die Batterie nicht. Während dieser Besprechungen schaute auch der Angeklagte Hauptwachtmeister Wenzl in den Bunker hinein, verließ ihn aber sogleich wieder, angeblich gefolgt von Feyertag. In diesem Augenblick betrat Grimburg mit der Pistole den Bunker, sagte zu Kuhn: „Ich habe eben den Batterie-Chef wegen Befehlsverweigerung erschossen. Die Batterie geht geschlossen nach Schweden. Wollen Sie mit oder wollen Sie nicht mit?" Im nächsten Augenblick streckte er den Leutnant Kuhn durch einen Schuß in die Stirn nieder. Der Angeklagte Wachtmeister Wickenhauser war bei all diesen Vorgängen zugegen und zog sich an, ohne das Geringste zu unternehmen. Er begab sich dann nach draußen. Grimburg betrat dann noch den Vermittlungsraum, schickte mit vorgehaltener Pistole den Angeklagten Stühmer hinaus und sagte dabei: „Wenn Sie hier bleiben, werden sie erschossen". Der Angeklagte Auer sowie Vogg waren inszwischen auch geweckt worden. Auer begriff nicht, was geschah, und dachte, er werde zunächst geweckt, um an Stühmers Stelle den Vermittlungsdienst zu übernehmen. Grimburg sagte ihm aber, „es braucht niemand mehr Vermittlungsdienst zu machen, wir gehen sofort weg". Er riß selbst die Kabel ab und trieb auch Auer hinaus. Die Mannschaften liefen von ihren Unterkünften teils mit, teils ohne Gepäck zum Appellplatz der Batterie. Der Angeklagte Wenzl rief denen, die ohne Gepäck und Waffen kamen, zu, sie sollten in die Unterkunft gehen und Gepäck und Waffen holen. Das geschah auch; es wurde eilig angetreten. Unter den antretenden Mannschaften befanden sich auch die Angeklagten Obergefreite Schiefer, Schorn und die Gefreiten Schmerleib und Wieser. Alle vier hatten in dem Hause gewohnt, wo auch der Hauptmann Sornberger untergebracht war, Schiefer wohnte in dem Raum links vom Eingang, die drei anderen in dem Raum rechts. Schiefer war persönliche Ordonnanz des Batterie-Chefs gewesen und hatte noch um 22.30 Uhr mit dem Batterie-Chef ein Glas Schnaps getrunken. Dabei hatte dieser ihm wiederholt, was er schon am Tage vor der Batterie gesagt hatte, daß er auch in der Gefangenschaft bei seinen Leuten bleiben würde, was auch geschehen möchte. Schiefer stürzte mit den anderen hinaus, ohne in das Zimmer des Batterie-Chefs zu schauen und zu sehen, was dieser machte. Die Schüsse will er als solche nicht gehört haben, er will zwar von einem Knall erwacht sein, irgendeiner soll ihm gesagt haben, der Posten hätte geschossen, ein anderer hätte gemeint, irgendjemand hätte einen Stein gegen die Holzwand der Unterkunft geworfen. Schmerleib will die Schüsse überhaupt nicht gehört haben; Wieser will zwar davon aufgewacht sein, aber nicht gehört haben, wo geschossen wurde. Schorn hat auch einen Schuß gehört, gibt aber an, in dem sofort einsetzenden Alarmgeschrei und der Eile wäre alles übrige untergegangen. Der Angeklagte Unteroffizier Zatsch war Küchen-Unteroffizier und wohnte mit seinen Leuten im Küchenbunker. Er gibt an, daß er durch Rufe und Lärm geweckt wurde, daß draußen viele Leute herumgestanden hatten, dabei der Obergefreite Grimburg mit der Pistole. Man hätte ihm zugerufen, er müsse sofort mit antreten. Als er sich erhob, sah er, daß der Küchenbunker offen war und Leute Verpflegungsbestände herausschleppten. Nach seiner Meinung ist der Bunker entweder aufgebrochen oder von dem ersten Koch, dem Obergefreiten Eibler, geöffnet worden. Zatsch lief, obgleich er an der Plünderung der Küche und der ganzen Lage sehen mußte, was vorging, ebenfalls nach draußen und reihte sich ein. Unmittelbar nach der Ermordung des Batterie-Offiziers wurde aufgebrochen. Der Obergefreite Grimburg kam als letzter aus dem Bunker des Batterie-Offiziers heraus, hatte dessen Mütze auf und machte sich draußen die Leutnants-Achselstücke des Leutnants Kuhn auf seine Windjacke und schnallte Kuhns Offiziers-Koppel um. Draußen rief er: „Ich bin Chef. Dienstgrade nach vorne! Pistolen entsichern! Gewehre laden! Wachtmeister Enzinger als Schließender! Wenn der Hauptmann von rückwärts kommt, eine Salve zurück!" So ist der Wortlaut nach der Angabe von Wickenhauser. Andere wollen gar nichts gehört haben, wieder andere bekunden die Äußerungen etwas anders. Jedenfalls war es beim Abrücken allen klar, daß Grimburg die Batterie führte; er lief mit der Pistole in der Hand meistens vorn, bisweilen auch hinten oder in der Mitte und rief dabei: „Wer zurückbleibt, wird erschossen" und ähnliches. Während die Batterie zur Straße herunterrückte, rief er auch noch „Verpflegung mitnehmen", was aber nicht von allen gehört wurde. Jedenfalls lag vor dem Hause, in dem der Chef gewohnt hatte, etwas Verpflegung, nämlich eine Anzahl Brote, ein Block Butter und einige Verpflegungskonserven. Davon nahmen einige Leute etwas auf. Die Batterie lief nun los in Richtung zu der etwa 17 km entfernten schwedischen Grenze. Nachdem man sich von der Straße gelöst hatte, ging man ungefähr in Reihe durch das Gelände, kam aber wegen Geländeschwierigkeiten nicht durch und mußte noch einmal umkehren. Beim weiteren Vormarsch nach etwa zwei Kilometern kam die Kolonne am Gefechtsstande der 8./Gebirgs-Jäger-Regiment 141 vorbei. Ein Posten des Unterkunftsbereiches hielt sie nicht an. Gegen 2.15 Uhr stand zufällig der Chef der 8./Gebirgs-Jäger-Regiment 141, Oberleutnant Pinzger, mit Leutnant Riegler vor seiner Kompanie vor dem Gefechtsstande ohne Waffen. Er sah diesen Zug von 60 Mann vorbeifluten und wunderte sich, was dort vor sich ginge. Er fragte zunächst „Wer seid Ihr, wo geht Ihr hin" und erhielt aus der weiterflutenden Menge Antworten wie „Artillerie 118" und „Der Chef ist vorne" und ähnliches. Da ihm das nicht genügte, rief er mehrfach „Halt!", was auch von einigen Batterie-Angehörigen nach vorne weitergegeben wurde. Grimburg lief ein Stück an der Kolonne zurück und schrie „Weiter! Weiter!", worauf nach kurzer Stockung alles weiterrannte. Oberleutnant Pinzger, der völlig unbewaffnet draußen stand, schickte den Leutnant Riegler in den Gefechtsstand zurück, um Waffen zu holen, und lief selber der Kolonne nach und packte einen Unteroffizier beim Kragen und rief, er würde das Feuer freigeben und er müßte mit schweren Maschinengewehren und Granatwerfer schießen lassen. Der Unteroffizier riß sich los, und alles stürzte weiter, wobei der Ruf ertönte „Rucksäcke wegwerfen!" und ähnliches. Dies geschah auch. Die Angeklagten Wenzl und Wickenhauser hatten jetzt wegen der Schwierigkeit des Geländes und weil sie befürchteten, daß das Unternehmen nicht glücken würde, Bedenken bekommen und drückten sich nach rechts aus der Reihe hinaus in den Wald hinauf. Ihnen schlossen sich die Angeklagten Feyertag und Zatsch an. Ferner blieben zurück die Angeklagten Schorn, Schiefer, Wieser und Schmerleib, die ratlos waren und nicht recht wußten, was sie machen sollten. Sie gingen aber einstweilen noch in Richtung wie die übrige Kolonne, ebenso der Angeklagte Auer, während Stühmer überhaupt stehenblieb. Leutnant Pinzger lief etwa 100 m in der Kolonne mit, bis er zu seiner Fernsprechvermittlung kam. Er verschaffte sich dort eine Waffe und alarmierte zunächst die Leute, die er bei sich hatte. Außerdem fragte er bei seinem Batterie-Kommandeur, Hauptmann Schlack, um die Erlaubnis an, sofort das Feuer aus den Granatwerfern eröffnen zu dürfen. Hauptmann Schlack, der nach den Unterlagen noch nicht übersehen konnte, was eigentlich geschah, setzte sich zunächst mit der Artillerie in Verbindung, so daß der größte Teil der Flüchtigen im unübersichtlichen Gelände außer Sicht kam. Oberleutnant Pinzger ging wieder nach draußen und traf in wenig Meter Entfernung den völlig verwirrten und zitternden Angeklagten Stühmer, der erst auf mehrfaches Befragen hin Auskunft geben konnte und mitteilte, daß der Kompanie-Offizier ermordet wäre und wahrscheinlich der Chef auch, daß der ganze Haufen von einem Obergefreiten mit Leutnants-Schulterstücken geführt würde und nach Schweden überlaufen wolle. Danach wurden die Stützpunkte alarmiert, ein Spähtrupp in Richtung auf die schwedische Grenze vorgetrieben und das Feuer der schweren Waffen ausgelöst. Infolge der unübersichtlichen Geländeverhältnisse hat das wenig Erfolg gehabt; nachträglich wurde dem Gericht gemeldet, daß im Gebiet Paras die Leiche des Unteroffiziers Kühner gefunden worden sei. Inzwischen waren die Angeklagten Wenzl, Wickenhauser, Feyertag und Zatsch im Gelände bemerkt worden. Ein Jäger-Spähtrupp schoß einen Maschinenpistolen-Feuerstoß in den Wald hinein; darauf kamen die vier Angeklagten herunter und wurden von dem Jäger-Spähtrupp unter Führung des Stabsgefreiten Schmiedbauer festgenommen und entwaffnet. Eine Waffe hatten übrigens nur Feyertag und Wenzl. Der Angeklagte Auer wurde allein laufend von dem Obergefreiten Hirtl im Gelände angetroffen. Er lief noch in Richtung der abgezogenen Batterie. Auf Anruf blieb er stehen und übergab sein Gewehr. Der Angeklagte Wieser traf mit den Angeklagten Schiefer und Schmerleib zusammen und blieb mit diesen ratlos im Gelände sitzen, wobei sie alle zunächst eine Zigarette rauchten. Als der Beschuß begann, gingen sie zusammen zurück, bis sie auf die Streifen der Jäger trafen und sich diesen ohne Widerstand ergaben. Der Angeklagte Schorn war allein im Gelände zurückgeblieben und ging auch nach rückwärts; dabei traf er auf den Angeklagten Jakob, der im Gelände gefallen war und sich eine erhebliche Beinverletzung zugezogen hatte und deshalb nicht mehr marschieren konnte. Die Beinverletzung war so erheblich, daß Jakob während der Verhandlung umfiel.

II.

Dieser Sachverhalt ergibt sich nach den Augenscheinsfeststellungen, nach den Aussagen der Zeugen Pinzger, Hirtl und Schmiedbauer sowie nach den Angaben der Angeklagten. Daß Hauptmann Sornberger im Schlafe ermordet worden ist, ergab seine Lage ohneweiters. Er lag noch zugedeckt im Bett, und zwar mit etwas angezogenen Beinen auf der Seite, so wie er nach der Aussage des Hauptmanns Jöchl gewöhnlich zu schlafen pflegt. Leutnant Kuhn war anscheinend aus sitzender Lage vom Bettrand schräg rückwärts gegen die Wand gesunken. Es ist wahrscheinlich, daß er aus seinem Schlafsack herausgekommen war und angefangen hatte, sich anzukleiden. Er hatte an einem Fuße einen Socken an, während der andere Fuß unbekleidet war. Die Mannschaftsunterkünfte boten das Bild eines plötzlichen hastigen Aufbruches. Es herrschte eine wüste Unordnung, ein Durcheinander von Bekleidungs- und Gepäckstücken, die den Boden ringsherum bedeckten. Heruntergefallene Munition lag dazwischen. Nach Oberleutnant Pinzgers Angabe haben die Spähtrupps der Jäger im Gelände etwa 15 sorgfältig gepackte Rucksäcke sowie eine Anzahl Gewehre, ferner einige Konservendosen und einen Block Butter gefunden. Den Block Butter glaubt Oberleutnant Pinzger als denjenigen zu erkennen, der in der Nacht zuvor bei einem Einbruch aus dem Verpflegungszelte seiner Kompanie gestohlen wurde. Als Erkennungszeichen gibt er an, daß ein Teil des Blockes schon in Portionen aufgeteilt war, die aber nicht mehr zur Ausgabe gelangt und deshalb wieder auf den Block aufgesetzt waren. Völlig sicher ist dieses Erkennungszeichen nicht; den Schluß, daß der ganze Aufruhr von längerer Hand vorbereitet worden wäre, rechtfertigt das nicht. Die Angaben der Angeklagten sind selbstverständlich mit Vorbehalt aufzunehmen. Jeder sagt wie üblich zu seinem Nutzen aus. Die Ermittlungen verliefen so, daß zunächst der Angeklagte Hauptwachtmeister Wenzl, der bisher sehr günstig beurteilt wurde, vernommen wurde, und eine unwahre Aussage machte, nach der er ohne Kenntnis der Vorbesprechungen mit vorgehaltener Waffe zum Mitgehen gezwungen sein wollte. Die Vernehmung des Angeklagten Wachtmeister Wickenhauser ließ auch über die Planung noch nichts erkennen, sondern ergab nur, daß der Unteroffizier Kohlbacher beteiligt sein mußte. Die ziemlich klare Aufklärung des ganzen Zusammenhanges wurde durch die Aussage des Obergefreiten Stühmer ermöglicht, der von allen Angeklagten den offensten und am wenigsten zurückhaltenden Eindruck machte. Er hatte den Unteroffizier Feyertag zweifellos erkannt, als er mit der Pistole in der Hand den Bunker des Batterie-Offiziers betrat.Wenn das zutraf, mußte notwendig die Aussage des Hauptwachtmeisters Wenzl falsch sein, Wenzl also in die Sache verwickelt sein. Feyertag leugnete dann zunächst und sagte in dem mit Wenzl offenbar verabredeten Sinne aus, bequemte sich dann aber durch den Vorhalt von Stühmers Aussage zum Geständnis. Hierbei wurde dann der Zusammenhang der Sache klar. Wenzl war erst in der Hauptverhandlung geständig. Nach den Aussagen aller Angeklagten verhält es sich offenbar wirklich so, daß Grimburg die treibende Kraft gewesen ist. Wenn dem aber so ist, so kann eine Planung von langer Hand nicht stattgefunden haben, da Grimburg vom 28. 4. bis zum Tage der Tat in der Batteriestellung gar nicht anwesend war, da er auf V. B. [Verpflegungsbasis] gewesen ist. Wahrscheinlich hat er auf der B-Stelle den Entschluß gefaßt und mit dem gleichfalls anwesenden Kohlbacher besprochen. Gleichzeitig hat er sich über die Anmarschmöglichkeit nach Schweden unterrichtet. Dies hat er auch bei den Besprechungen den zaudernden Unteroffizieren gegenüber zur Geltung gebracht, indem er gleichzeitig behauptete, daß auch die Jäger vorn auf den Stützpunkten gewillt wären, überzulaufen. Ob er mit Angehörigen des Gebirgs-Jäger-Regiments 141 Rücksprachen gehabt hat, vielleicht in dem Sinne, daß diese ihn unbehelligt durchlassen sollten, ist nicht bewiesen und nicht ohne weiteres anzunehmen, da die Stützpunkte mit ausgesucht zuverlässigen Leuten besetzt sind. Ausgeschlossen ist eine derartige Zusammenarbeit selbstverständlich nicht. Die aufgefundenen, gutgepackten Rucksäcke lassen darauf schließen, daß ihre Besitzer zu den frühzeitig eingeweihten Teilnehmern des Aufruhrs gehört haben. Vermutlich gehören sie den beteiligten Unteroffizieren und ihrem unmittelbaren Anhang. Ein Beweis dafür, daß die gesamte Mannschaft vorher unterrichtet gewesen wäre, sind sie nicht. Dies ist sogar unwahrscheinlich. Denn vom Standpunkt der Rädelsführer wäre es sogar reichlich gefährlich gewesen, sämtliche 61 Batterie-Angehörigen stundenlang vorher ins Bild zu setzen und dadurch die Gefahr einer frühzeitigen Aufdeckung zu schaffen. Überrumpelung und Überraschung waren in diesem Falle sicherer. Die Angeklagten Schiefer, Schorn, Wieser, Schmerleib wollen auch beim Heraustreten noch nicht gewußt haben, was geschehen war. Schiefer, der Bursche des Batterie-Chefs, will dies erst auf dem Marsche durch den Soldaten Watzak gehört und sich darauf aus der Kolonne entfernt haben. Wieser will dies erst unterwegs gehört haben. Daß es sich um eine ungesetzliche Angelegenheit handelte, mußte jedem Soldaten beim Antreten sofort klar sein. Denn eine nächtliche Alarmierung der Batterie und ein überstürztes Abrücken in der Richtung nach vorn, ohne daß einer der Offiziere sichtbar wird, ist ein Ding der Unmöglichkeit. Das Auftreten des Obergefreiten Grimburg, das kaum einem entgangen sein dürfte, mußte auch ziemlich deutlich zeigen, was dort geschah. Mit Wahrscheinlichkeit haben die Angeklagten spätestens auf dem Antreteplatz erfahren, daß der Chef tot wäre und daß nach Schweden übergelaufen werden sollte. Ob es irgendeinem der Angeklagten entgangen sein kann, daß in der Schlafbutze des Hauptmannes zwei Schüsse fielen, ist zweifelhaft. Zwar tönen in geschlossenen Räumen abgegebene Schüsse sehr scharf und laut, es kommt aber bei Soldaten doch sehr häufig vor, daß sie, besonders wenn sie vorher Anstrengungen, Wachdienst und dergleichen hinter sich hatten, selbst in unbequemsten Lagen außerordentlich fest schlafen und auch bei mittlerem Beschuß schwer zu wecken sind. Völlig ausgeschlossen ist das also nicht. Dem Küchen-Unteroffizier Zatsch ist nicht zu widerlegen, daß er vorher in die Pläne nicht eingeweiht war und er sich nur von den anderen im entscheidenden Augenblick hat mitreißen lassen. Am undurchsichtigsten ist die Haltung des sehr intelligenten und wortgewandten Wachtmeisters Wickenhauser. Wickenhauser ist gut befreundet mit Wenzl und war sehr häufig bei ihm im Bunker, nach seiner Angabe zuletzt von 22 bis 23 Uhr am Tage der Tat. Dabei soll noch nichts gesprochen worden sein von den gefaßten Plänen. Möglich ist das, falls die Angabe wahr ist, daß Wickenhauser wirklich um 23 Uhr, also ganz kurz bevor Wenzl in die Verschwörung eingeweiht wurde, den Schreibstubenbunker verlassen hat. Aber eben das erscheint nicht glaubhaft in Rücksicht auf Wickenhausers Verhalten bei der Beseitigung des Leutnants Kuhn. Wenn man dem Angeklagten Wenzl glauben kann, ist sogar, nachdem Kuhn geweckt war, zeitweilig keiner der Aufständischen unmittelbar zwischen den Betten von Kuhn und Wickenhauser gewesen. Zum mindesten war Grimburg nicht da. Wenn die Unteroffiziere, wie die Angeklagten behaupten, die Ermordung des Leutnant Kuhn nicht vorgesehen hatten, so hätte das leicht möglich sein können, den Leutnant Kuhn zu schützen und die Meuterei noch zu unterbinden, da in diesem Falle keine Lebensgefahr damit verbunden war. Wickenhausers Beschreibung der Ermordungsszene ist auch nicht glaubhaft. Daß er auf Grimburgs mit vorgehaltener Pistole gestellte Frage, ob er mitgehen wollte oder nicht, gar nichts geantwortet hätte, ohne daß ihm etwas geschah, glaubt ihm das Gericht nicht. Aus diesem ganzen Verhalten Wickenhausers ist zu entnehmen, daß er um die Vorgänge wußte. Daß die Verschwörer bei ihrer Besprechung nicht die Ermordung der Offiziere, sondern ihre Knebelung vorgesehen hatten, mag sein, denn tatsächlich haben sie den Leutnant Kuhn, solange Grimburg nicht dabei war, nur zu beeinflussen versucht und ihn nicht getötet. Die Behauptung, daß Grimburg auch zum Batterie-Chef nur zwei kräftige Leute mitnehmen sollte, um ihn zu vergewaltigen, erscheint in diesem Zusammenhang nicht unwahrscheinlich. Grimburg ist dann eben in verbrecherischer Entschlossenheit über die gefaßten Verabredungen hinweggegangen. Hauptmann Sornberger und Leutnant Kuhn erfreuten sich durchaus der Beliebtheit ihrer Leute.

III.

Die sämtlichen Angeklagten haben also unbefugt ihre Truppe verlassen und waren sich mindestens seit dem Antreten bewußt, daß die Batterie nach Schweden überlaufen sollte, haben also ausnahmslos zeitweilig in der Absicht gehandelt, sich der Verpflichtung zum Dienst in der Wehrmacht dauernd zu entziehen. Sie haben damit den Tatbestand der Fahnenflucht – § 69, 70 Militärstrafgesetzbuch – ausnahmslos erfüllt. Diejenigen, die an der Verschwörung teilgenommen haben, nämlich Unteroffizier Feyertag, Hauptwachtmeister Wenzl und Wachtmeister Wickenhauser haben sich gleichzeitig der Verleitung zur Fahnenflucht (§ 5 Absatz 1 Nummer 2 Kriegssonderstrafrechtsverordnung) schuldig gemacht. Es kommt dabei nicht darauf an, ob sie eine mehr oder weniger rege Tätigkeit dabei entfaltet haben. Es genügt, wenn sie als Vorgesetzte der Mannschaften wissentlich sich an dem Fluchtunternehmen beteiligten, um die Mannschaft mitzuziehen. Feyertag hat sich außerdem mit der Pistole in der Hand beteiligt, der Hauptwachtmeister mindestens durch einige Weisungen. Zugleich liegt bei diesen drei genannten Unteroffizieren der Tatbestand des militärischen Aufruhrs – § 106 Militärstrafgesetzbuch – vor, denn sie hatten sich mit mehr als drei Soldaten zusammengerottet, um es mit vereinten Kräften zu unternehmen, Gehorsamsverweigerung, Widersetzung und tätlichen Angriff auf Vorgesetzte zu begehen. Einen Sonderfall stellt noch der Gefreite Jakob dar, insofern als er bei der Verabredung des Unternehmens im Nachrichtenbunker zugegen war und mindestens stillschweigend seine Zustimmung gegeben hat. Seine Anwesenheit war allerdings dadurch gegeben, daß er in dem Nachrichtenbunker wohnte, im übrigen macht er einen durchaus unbedeutenden Eindruck, und es ist glaubhaft, daß er sich in keiner Weise aktiv an der Sache beteiligt hat. Er ist deshalb nur der Teilnahme an der Verabredung und somit der Meuterei im Sinne des § 103 Militärstrafgesetzbuch außer der von allen begangenen Fahnenflucht schuldig. Eine Selbstgestellung im Sinne des § 70 Absatz 3 Militärstrafgesetzbuch sieht das Gericht bei keinem der Angeklagten als gegeben an. Zwar behaupten dies die sämtlichen aufgegriffenen Angeklagten von sich. Widerstand hat auch keiner geleistet. Immerhin haben sich die vier Unteroffiziere erst ergeben, als die Maschinenpistolen-Schüsse in unmittelbarer Näher den Ernst der Lage anzeigten. Stühmer stand hilflos im Gelände herum, als er von Oberleutnant Pinzger ergriffen wurde. Auer lief zuerst fluchtartig weg, als er angerufen wurde. Bei den fünf anderen Angeklagten ist am ehesten die Absicht einer Selbstgestellung möglich, die aber durch ihr vorheriges Aufgreifen nicht zur Ausführung kommen konnte.

IV.

Da die Tat im Felde begangen wurde, kommt bei allen Angeklagten Todes- oder Zuchthausstrafe in Frage. Nach dem ganzen Sachverhalt ist es augenfällig, daß der Verschuldensgrad der verschiedenen Beteiligten sehr unterschiedlich ist. Besonders wird man kaum die in die Angelegenheit verwickelten Mannschaften genau so behandeln können wie die Unteroffiziere. Ohne Zweifel ist die Todesstrafe erforderlich gegenüber dem Hauptwachtmeister als dem Ersten der Unteroffiziere seiner Batterie. Er hatte die Pflicht, das Verbrechen zu verhindern und hätte mit Leichtigkeit die Möglichkeit dazu gehabt. Seine früheren Verdienste und seine gute Führung, die ihn sogar zum Offizier geeignet erscheinen ließen, können ihn nicht retten. Seine Annahme, nach der Gesamtkapitulation der Wehrmacht könnte er keine Fahnenflucht mehr begehen, ist eine Vorspiegelung. Selbst nach dem Inhalt der Kapitulationsbedingungen empfangen die deutschen Soldaten wie bisher ihre Befehle von ihren vorgesetzten Dienststellen und sind mit Selbstverständlichkeit an ihre Pflichten gebunden. Weder der Angeklagte Wenzl noch sonst einer der Täter würde vermutlich Verständnis dafür aufbringen, wenn etwa sein Batterie-Chef oder der Zahlmeister seiner Abteilung ihm erklären würde, ihn ginge die Versorgung der Truppe nichts mehr an, er hätte nach der Kapitulation keine Pflichten mehr. Ein Verhalten wie das des Angeklagten und seiner Mittäter würde dazu führen, daß die deutschen Truppen zügel- und führerlos im Lande herumliefen oder unter Führung von Verbrechern strafbare Handlungen ausführen würden, deren Ergebnis schließlich ein Eingreifen der Besatzungsbehörden, Repressalien und Schwierigkeiten aller Art sein würde. Für Wenzl, Feyertag und Wickenhauser kam daher nur die Todesstrafe in Betracht. Die Todesstrafe war auch für den Angeklagten Unteroffizier Zatsch angebracht. Er hat sich als Unteroffizier an einer gemeinsamen Fahnenflucht beteiligt. Nach seiner eigenen Angabe hat er nicht unter unmittelbarem Zwange gestanden, sondern ist stumpfsinnig den anderen nachgelaufen, obgleich er auf den ersten Blick an der Plünderung der Küchenvorräte sah, was hier vor sich ging. Für einen Unteroffizier ist das unverzeihlich …

Spies
Oberfeldrichter

Gericht der 6. Geb. Div.   10. Mai 1945

<u>St.L. 104/45</u>   km 2.5 Kitdalstraße (Nord-Norwegen)

Niederschrift

über den Vollzug der Todesstrafe an dem ehemaligen

Hauptwachtmeister Josef W e n z l,
Wachtmeister Leopold W i c k e n h a u s e r,
Unteroffizier Helmut F e y e r t a g,
Unteroffizier Rudolf Z a t s c h,
sämtliche 4./Gebirgs-Artillerie-Regiment 118,

Anwesen waren:
  1. Major Hampel, Kommandeur Gebirgs-Panzer-Jäger-Abteilung 47, als leitender Offizier,
  2. Oberfeldrichter Spies, als Divisionsrichter,

3. Oberarzt Dr. Bauer, Gebirgs-Pi.-Bataillon 91 als Sanitätsoffizier,
4. Kriegspfarrer Andreae, als Geistlicher (röm.-kath.).

Ferner waren Kommandos zu je 10 Mann von der Gebirgs-Divisions-Nachrichten-Abteilung 91, Gebirgs-Panzer-Jäger-Abteilung 47, Gebirgs-Pi.-Bataillon 91 und Aufklärungs-Abteilung 112 angetreten.

Die Verurteilten standen um 10.15 Uhr auf dem Richtplatz. Sie wurden durch ein Kommando des Feldgendarmerietrupps 91 an den Richtpfahl gefesselt, die Augen waren verbunden.

Die angetretenen Kommandos standen auf Kommando mit „Gewehr über!" still.

Der Divisionsrichter las den Verurteilten die Urteilsformel und die Bestätigung vor. Die Verurteilten gaben keine Erklärung ab.

Der Geistliche erhielt letztmalig Gelegenheit zum Zuspruch.

Die Vollzugskommandos von je 10 Mann waren fünf Schritte vor den Verurteilten aufgestellt.

Das Kommando „Feuer" erfolgte um 10.16 Uhr. Die Verurteilten starben sofort.

Der Sanitätsoffizier stellte den Tod um 10.16 Uhr fest.

Die Leichen wurden durch das Vollzugskommando eingesargt und dem Gräberkommando 6. Gebirgs-Division zur Bestattung auf dem Friedhof in Kvesmenes übergeben.

Spies
Oberfeldrichter

3. Selbstverstümmelung
(§ 81 des Militärstrafgesetzbuches und
§ 5 der Kriegssonderstrafrechtsverordnung)

Besonders tragisch sind die Schicksale Zwangsrekrutierter, die keine andere Möglichkeit einer Kriegsdienstverweigerung mehr sahen, als sich selbst zu „verstümmeln", um wehruntauglich zu werden und wenigstens so ihren Kopf zu retten. Arten der Selbstverstümmelung gab es viele. Die meisten brachten sich selbst einen Schuß in das Bein oder in die Hand bei; das konnte vom Arzt allerdings regelmäßig als aufgesetzter oder aus nächster Nähe abgegebener Schuß entlarvt werden. „Erfolgreicher" waren Einnahmen organschädigender Pharmaka. Die feindlichen Flugblätter gaben dazu Ratschläge, zum Beispiel zum Einnehmen zerriebener Blaustiftminen, die Magengeschwüre erzeugten.

Der 40jährige Bauer Karl GERHOLD war psychisch dem harten Fronteinsatz nicht gewachsen. Gleichwohl hielt das Gericht seine Depressionen und Sorgen um den heimatlichen Hof für „unbeachtlich". Die Selbstverstümmelung des Familienvaters kann nur als Verzweiflungsschritt in einem seelischen Ausnahmezustand erklärt werden, der die Schuldfähigkeit zumindest stark verringert. Die Militärgerichte der Westalliierten nahmen stets auf solche psychische Schwächen Rücksicht und verhängten in solchen Fällen keine Todesurteile. Das Todesurteil gegen Karl Gerhold ist ein besonders schändliches Beispiel für die Verständnislosigkeit und Grausamkeit der NS-Wehrmacht-Gerichte. Ob Gerhold die schließlich erfolgte Begnadigung in der „Feldstrafgefangenenabteilung" trotz seiner Handverletzung überlebt hat, konnte nicht festgestellt werden.

Gericht
der 329. Infanterie-Division
St.P.L. Nr. 104/1943

Feldurteil
im Namen des Deutschen Volkes!

In der Strafsache gegen
den Gefreiten Karl G e r h o l d
3. Grenadier-Regiment 36,
geboren am 23. April 1913 in Ehlen, Kreis Wolfhagen
wegen Zersetzung der Wehrkraft (Selbstverstümmelung)
hat das am 12. April 1943 in Rußland
zusammengetretene Feldkriegsgericht,
an dem teilgenommen haben
als Richter:
Kriegsgerichtsrat Dr. Sinn als Verhandlungsleiter,
Hauptmann Gladen, Division Nachschub Führer 329,
Infanterie-Division,
Gefreiter Koch, Stab 329. Infanterie-Division
als Beisitzer,
als Vertreter der Anklage:
Leutnant Heubach, Nachrichtenabteilung 329,
als Urkundsbeamter der Geschäftsstelle:
Unteroffizier Ero,
für Recht erkannt:
Der Angeklagte wird wegen Zersetzung der Wehrkraft (Selbstverstümmelung) *zum Tode verurteilt*. Es wird auf Verlust der Wehrwürdigkeit erkannt. Dem Angeklagten werden die bürgerlichen Ehrenrechte für
dauernd aberkannt.

Gründe

Der Angeklagte ist am 23. 4. 1913 in Ehlen Kreis Wolfhagen geboren;
er ist evangelisch und seit 1935 verheiratet; er hat ein Kind im Alter von
sieben Jahren. Seine Eltern, die Bauerseheleute Heinrich und Luise
Gerhold, sind Eigentümer eines Erbhofes in der Größe von 44 Morgen;
die Ehefrau des Angeklagten hat in die Ehe 16 Morgen Grundbesitz
eingebracht, die zusammen mit dem Erbhof bewirtschaftet werden. Bis
Kriegsausbruch hat der Angeklagte, obwohl er den Hof noch nicht
übernommen hatte, den Betrieb geführt; Dienstboten wurden keine gehalten. An Stelle des eingezogenen Angeklagten ist dem Betrieb nach
dem Frankreichfeldzug ein französischer Kriegsgefangener zugewiesen
worden, der noch heute dort arbeitet.

Der Angeklagte der von Februar bis Mai 1939 zur Kurzausbildung eingezogen war, ist am 30. 8. 39 zum Infanterie-Ersatz-Bataillon 88 in Fulda einberufen worden und kam im November 1939 zum Infanterie-Regiment 88, das damals am Westwall lag. Mit dieser Einheit machte er den Frankreichfeldzug als Troßfahrer mit; am 5. 6. 1940 kam er ins Lazarett, weil er sich beim Holzhacken den linken Daumen abgehauen hatte. Über den Ersatztruppenteil wurde er im Frühjahr zum Landesschützenbataillon 608 in Hersfeld, im Sommer 1941 zum Infanterie-Ersatz-Bataillon 459 nach Eisenach versetzt. Im Dezember 1941 kam der Angeklagte mit einem Marschbataillon ins Feld und wurde bei der Bäckereikompanie in Ostrow verwendet; im Frühjahr 1942 wurde er als Schütze zur 5./Infanterie-Regiment 368 versetzt und machte mit seiner Einheit Säuberungskämpfe in Partisanengebieten mit. Zum eigentlichen Fronteinsatz kam er erstmals am 30. 9. 1942.

Gerichtlich und disziplinar ist der Angeklagte nicht vorbestraft; er wird als ruhiger, aber etwas ängstlicher Soldat mit guter Führung beurteilt.

Der Angeklagte ist Parteimitglied; er gehört der Ortsgruppe Ehlen an.

Seit Kriegsbeginn ist der Angeklagte insgesamt acht Mal mit zusammen 22 Wochen beurlaubt worden, darunter mehrmals zur Frühjahrsbestellung und Erntehilfe.

Dem Angeklagten ist Zersetzung der Wehrkraft (Selbstverstümmelung) zur Last gelegt. Sein Geständnis in der Hauptverhandlung, die glaubhaften Angaben der Zeugen Oberleutnant Langhold, Unteroffizier Schneider, sowie der nach § 60 Absatz 2 Kriegsstrafverfahrensordnung verwertete Akteninhalt haben zu folgenden Feststellungen geführt:

Die Einheit des Angeklagten kam am 30. 9. 1942 erstmals zum Einsatz als Fronttruppe. Nach schwerer Artillerievorbereitung griff der Gegner am 1. 10. mehrmals an; am 2. und 3. 10. 43 war es verhältnismäßig ruhig; am 4. 10. 43 wiederholte der Feind seine Angriffe, diesmal unter Einsatz von Panzern. Der Angeklagte, der mit einem Kameraden in einem Schützenloch saß, sah einen Panzer vorfahren; es ergriff ihn ein derartiger Schrecken, daß er sofort sein Loch verließ und zu seinem Kompaniechef rannte, dessen Gefechtsstand etwa 80 bis 100 Meter rückwärts lag. Dieser konnte ihm auch dann kaum beruhigen, als der Panzer nach Abschuß durch ein deutsches Sturmgeschütz bereits brannte.

Anderntags, am 5. 10. 43, war es im Abschnitt ruhig, doch war mit der Wiederholung der Angriffe zu rechnen.

Am Nachmittag, gegen 15.30 Uhr, brachte sich der Angeklagte mit seinem Karabiner einen Schuß in die linke Hand bei, der seine Aufnahme in ein Lazarett nötig machte.

Der Angeklagte, der im Ermittlungsverfahren zunächst hartnäckig geleugnet hatte, hat glaubhaft zugegeben, daß er sich den Schuß, der auch bei der gerichtsärztlichen Untersuchung als Nahschuß festgestellt wurde, selbst beigebracht habe. Er hat vorgebracht, er sei seit längerer Zeit schon sehr niedergeschlagen gewesen, weil er aus Briefen seiner Frau entnommen habe, daß sein Fehlen auf dem Hof die Leistungsfähigkeit des bäuerlichen Anwesens mehr und mehr herabsetzte. Seine Frau habe ihm in einem Telegramm den Tod seiner Schwiegermutter angezeigt; da nur „Mutter gestorben" im Telegramm gestanden habe, sei er erst der Meinung gewesen, seine eigene Mutter, die auf dem Hofe mitarbeite, sei gestorben. Zu allem sei noch gekommen, daß die Einheit längere Zeit ohne Post gewesen sei. Über den Vorfall der Tat selbst könne er keine Angaben machen; er vermute, in einer Art Dämmerzustand gehandelt zu haben. Nachdrücklich bestritt der Angeklagte, unter dem Eindruck des schweren Einsatzes gehandelt zu haben; er habe sich den Schuß nicht deshalb beigebracht, um auf diese Weise von der Front wegzukommen.

Das Gericht war trotz der Einlassung des Angeklagten fest überzeugt, daß die Erlebnisse an der Front den Anstoß zur Tat gegeben haben und daß der Angeklagte durch die Selbstverletzung eine Verbringung nach hinten erstrebte. Der Angeklagte, der schon auf Grund seines Verhaltens während der die Einsatzwilligkeit nicht übermäßig belastenden Partisanenkämpfe als ängstlich bekannt war, hat am Tage vor der Tat beim Auftauchen eines Panzers völlig versagt; der nahe zeitliche Zusammenhang rechtfertigt die Feststellung, daß es in erster Linie die Eindrücke des Einsatzes waren, die den Angeklagten zur Tat getrieben haben. Die Nachprüfung der häuslichen Verhältnisse hat überdies ergeben, daß der Betrieb, dem jedenfalls zahlenmäßig die gleichen Arbeitskräfte zur Verfügung stehen wie vor dem Krieg, störungsfrei weiterläuft. Es ist deshalb unglaubwürdig, daß die Sorge um den Hof als Grund zur Tat im Vordergrund stand.

Der Einwand des Angeklagten, auf Grund einer Depression – sei es wegen der Sorge um den Hof, sei es wegen der Fronteindrücke – in einem Dämmerzustand gehandelt zu haben, konnte keine Berücksichtigung finden. Das Gericht hielt dieses Vorbringen als unwahr, aber auch als unbeachtlich. Es ist mit Rücksicht auf das soldatische Pflichtgebot erforderlich, daß in den Fällen, in denen Härte gegen sich selbst verlangt wird, die persönliche Belastbarkeit keine Beachtung finden darf.

Es war somit festzustellen, es habe der Angeklagte unternommen, sich durch Selbstverstümmelung der Erfüllung des Wehrdienstes zeitweise zu entziehen, Verbrechen der Zersetzung der Wehrkraft nach § 5 Absatz 1 Ziffer 3 Kriegssonderstrafrechtsverordnung.

Die vom Angeklagten verübte Tat ist in erster Linie mit dem Tode bedroht. Das Gericht konnte keine Umstände finden, die die Annahme eines minder schweren Falles gerechtfertigt hätten. Auch wenn dem Angeklagten seine bisherige Unbescholtenheit, seine gute Führung bei der Truppe entlasten, auch wenn – von seinem Standpunkt gesehen – die Sorge um den Hof zu seiner Niedergeschlagenheit beitrug, so standen doch im Vordergrund zwei Punkte, die Milde verboten: Der Angeklagte hat sich zu einem Zeitpunkt zum Kampfe unfähig gemacht, als die Wiederholung schwerer feindlicher Angriffe bevorstand und als jeder Mann dringend gebraucht wurde; das Überhandnehmen der Selbstverstümmelungen erfordert mit Rücksicht auf die Aufrechterhaltung der Manneszucht hartes Durchgreifen. Der Umstand, daß sich der Angeklagte, der später beim Troß verwendet war, bei feindlichem Beschuß in einem Einzelfall anständig verhalten hat, konnte hieran nichts ändern.

Es war somit auf Todesstrafe zu erkennen.

Der Verlust der Wehrwürdigkeit beruht auf § 31 Militärstrafgesetzbuch, die Aberkennung der bürgerlichen Ehrenrechte, die wegen des schimpflichen Verhaltens des Angeklagten geboten war, auf § 32 Reichsstrafgesetzbuch.

Dr. Sinn
Kriegsgerichtsrat

Zu
Aktenzeichen 467 Justiz-Abteilung
Gnadensache 491/43.

Betreff: Gnadensache des ehemaligen Gefreiten
Karl Gerhold.
Bezug: Urteil des Feldkriegsgerichts
der 329. Infanterie-Division vom 12. 4. 1943
St.L. 104/43.

Ich wandle die erkannte Todesstrafe in eine Gefängnisstrafe von 15 Jahre um und verleihe dem Verurteilten die Wehrwürdigkeit und die bürgerlichen Ehrenrechte wieder.

Die Gefängnisstrafe ist in einer Feldstrafgefangenenabteilung zu vollstrecken.

Die Strafzeit ist vom Tage der Gnadenentscheidung ab zu berechnen.

Hauptquartier OKH., den 9. Mai 1943

Der Oberbefehlshaber des Heeres
Im Auftrage
Keitel
Generalfeldmarschall

Der Fall NESSMANN zeigt die Abhängigkeit der Militärrichter vom nichtjuristischen Gerichtsherrn besonders deutlich. Die „Richter" stellten in diesem Urteil zwar ausdrücklich fest, daß Nessmann in der Hauptverhandlung einen guten Eindruck gemacht habe und seine „Tat" unter seinem „eigentlichen sittlichen Niveau" läge, er habe seinen „moralischen Halt vorübergehend verloren". Dennoch wagten die Richter nicht – was möglich gewesen wäre, von einem Todesurteil abzusehen. Statt dessen überließen sie diese lebensentscheidende „Prüfung" der Gnadeninstanz, und das bedeutete in diesem Fall, dem Generaloberst Friedrich Fromm. Der schickte den 32jährigen Familienvater in eine der gefürchteten Feldstrafgefangenen-Abteilungen, in welcher der „Begnadigte" mit seiner Handverletzung vermutlich umgekommen ist.

In welche chaotische Verwirrung Recht und Politik im sogenannten Tausendjährigen Reich gerieten, zeigte sich besonders gegen Kriegsende. Wie wenig das Leben eines Menschen in dieser Situation wert war, sollte auch das Schicksal eben jenes Generaloberst Fromm erweisen, der nicht lange zuvor selbst „Herr über Leben und Tod" spielte. Der Generaloberst, Befehlshaber des Ersatzheeres, wurde noch wenige Wochen vor der Kapitulation, am 7. März 1945, vom Volksgerichtshof zum Tode verurteilt, weil er – so die Begründung – aus „Feigheit" den Attentätern vom 20. Juli 1944 nicht energisch genug entgegengetreten sei. Das Urteil wurde am 19. März 1945 durch Erschießen vollstreckt. Fromm starb mit dem Ruf „Heil Hitler" – eine gespenstische Geschichte aus dem Tollhaus des „Dritten Reiches".

Gericht der Division Nr. 409
Zweigstelle Marburg/Lahn
St.L. I Nr. 183/1942

Feldurteil
Im Namen des Deutschen Volkes!

In der Strafsache gegen
den Schützen Walter Nessmann,
2. Genesungs-Kompanie-Infanterie-Bataillon 101 in Siegen,
geboren am 27. 11. 1909 in Stollberg,
wegen Zersetzung der Wehrkraft
hat das am 29. Oktober 1942 in Marburg/Lahn
zusammengetretene Feldkriegsgericht der Division Nr. 409,
Zweigstelle Marburg/Lahn,
an dem teilgenommen haben
als Richter:
Hauptmann Dr. Geissinger, als Heeresrichter k.A.,
Verhandlungsleiter,
Hauptmann Schlierbach, Infanterie-Ersatz-Bataillon 116
in Marburg/Lahn,
Gefreiter Frese, Genesungs-Kompanie-Infanterie-Ersatz-
Bataillon 116 in Marburg
– als Beisitzer –,
als Vertreter der Anklage:
Kriegsgerichtsrat Remmert,
als Urkundsbeamter der Geschäftsstelle:
Gefreiter Anschütz,
für Recht erkannt:
Der Angeklagte wird wegen Feigheit im rechtlichen Zusammentreffen
mit einem Verbrechen der Zersetzung der Wehrkraft durch Selbstver-
stümmelung zum Tode verurteilt. Gleichzeitig wird auf Verlust der
Wehrwürdigkeit und Verlust der bürgerlichen Ehrenrechte erkannt.

Gründe

I.

Der Angeklagte ist 32 Jahre alt, verheiratet, hat ein Kind von acht
Monaten. Von Zivilberuf ist er Nadelrichter, gerichtlich ist er nicht bestraft. Der Angeklagte trat am 3. Mai 1940 in die Wehrmacht ein und
wurde am 17. Oktober 1940 als Rüstarbeiter entlassen.

In der Zeit vom 15. April 1941 bis 14. Mai 1941 war er wiederum eingezogen. Er machte in dieser Zeit den Einmarsch in Jugoslavien mit,
ohne an Kampfhandlungen beteiligt gewesen zu sein. Am 21. Januar

1942 wurde er wiederum eingezogen. Ab 1. März gehörte er wiederum einer Feldeinheit, der 7./Infanterie-Regiment 181 an.

Eine Beurteilung des Angeklagten durch die Feldeinheit konnte nicht erfolgen, da er niemals irgendwie hervorgetreten ist.

II.

Im Felde lag der Angeklagte im März 1942 mit seiner Kompanie in der Haupt-Kriegs-Linie in Stellung. Größere Kampfhandlungen fanden aber bis zum 5. April nicht statt. An diesem Tage griff die Kompanie des Angeklagten die Schule von Marino an. Die Kompanie hatte starke Ausfälle. Der Angeklagte bot zunächst einem verwundeten Kameraden seine Begleitung zum Sanitätsbunker an. Der Kamerad lehnte aber diese Begleitung ab, da er sich imstande fühlte, allein den Sanitätsbunker aufzusuchen. Fast unmittelbar danach schoß sich der Angeklagte durch die rechte Hand und begab sich dann ebenfalls zum Hauptverbandsplatz. Der Tatbestand ist durch die Aussage des Zeugen Baderschneider und das Geständnis des Angeklagten erwiesen. Aus der Einlassung des Angeklagten ergibt sich, daß er vorsätzlich und aus Feigheit gehandelt hat, um sich der Erfüllung des Wehrdienstes zum mindesten zeitweise zu entziehen.

Er war deshalb gemäß § 5 Absatz 1 Ziffer 3 Kriegssonderstrafrechtsverordnung in Verbindung mit §§ 84,85 Militärstrafgesetzbuch zu bestrafen. Selbstverstümmelung ist in der Regel als besonders schwerer Fall der Dienstpflichtverletzung aus Furcht anzusehen, da der Täter sich nicht nur passiv verhält, sondern aktiv seinen verbrecherischen Willen betätigt, der so groß sein muß, daß die unmittelbare Furcht vor dem Schmerz und den Folgen der Selbstverstümmelung überwunden wird. Dies gilt im doppelten Sinne dann, wenn die Selbstverstümmelung wie vorliegend während einer Kampfhandlung begangen worden ist.

Bei Bemessung der Strafe hat das Gericht berücksichtigt, daß der Kamerad, der in Folge der Selbstverstümmelung des Angeklagten dessen Platz bei der kämpfenden Truppe hat einnehmen müssen, in der Zwischenzeit möglicherweise schon gefallen ist, und daß sicher viele der Kameraden, die mit dem Angeklagten nach dem Osten kamen und im Gegensatz zu ihm ihre Soldatenpflicht erfüllt haben, ihren Einsatz mit dem Leben bezahlt haben. Es durfte der Angeklagte von rechts wegen nicht besser gestellt werden. Es wurde deshalb auf Todesstrafe erkannt.

Wegen der in diesem Fall bewiesenen ehrlosen Gesinnung wurden dem Angeklagten gemäß § 2 Militärstrafgesetzbuch, § 32 Reichsstrafgesetzbuch die bürgerlichen Ehrenrechte aberkannt.

Gemäß § 31 Militärstrafgesetzbuch mußte auf Verlust der Wehrwürdigkeit erkannt werden.

Der Angeklagte hat zwar in der Hauptverhandlung einen wesentlich besseren Eindruck gemacht, als man dies aus der von ihm begangenen

Tat entnehmen könnte. Er hat, was im Verfahren wegen Selbstver-stümmelung die große Ausnahme ist, die Tat gestanden. Das Gericht hatte den Eindruck, daß der Angeklagte eine Tat begangen hat, die unter seinem eigentlichen sittlichen Niveau liegt. Der Angeklagte war zur Zeit der Tat moralisch erschüttert durch die berechtigte Sorge um seine kranke Frau, von der er, seitdem er im Felde ist, nichts mehr ge-hört hatte. Er hatte unter dem Eindruck des schweren Gefechts seinen moralischen Halt vorübergehend verloren. Das Gericht hatte auch den Eindruck, daß der Angeklagte seine Tat ehrlich bereut und sie durch Einsatz an der Front gerne wieder gutmachen möchte.

Es erschien indessen richtig, alle diese Gründe der Prüfung der Gna-deninstanz zu überlassen. Zur Abschreckung, Aufrechterhaltung der Mannszucht und Erhaltung des Kampfgeistes bei der Truppe erschien der Ausspruch eines Todesurteils geboten.

Dr. Geissinger
Hauptmann, als Heeresrichter k. A.

Ich bestätige das Urteil vom 29. Oktober 1942.

Auf Grund der mir erteilten Ermächtigung wandle ich die Todesstrafe im Gnadenwege in eine Gefängnisstrafe von 15 Jahren unter Wieder-verleihung der Wehrwürdigkeit, der bürgerlichen Ehrenrechte und der nach § 31 Reichsstrafgesetzbuch verlorengegangenen Fähigkeiten um.

Die Gefängnisstrafe ist in einer Feldstrafgefangenenabteilung zu voll-strecken.

Die seit der Urteilsverkündung erlittene Freiheitsentziehung wird nicht auf die Strafzeit angerechnet.

Berlin, den 15. Dezember 1942
Der Chef der Heeresrüstung und Befehlshaber
des Ersatzheeres
Fromm
Generaloberst

Der 37jährige Johann MOOSBAUER, Vater von fünf minderjährigen Kindern, hatte sich aus Angst und Verzweiflung zwei Finger der rechten Hand abgehackt. Dieser Akt der „Wehrkraftzersetzung" wurde vor einem Kriegsgericht verhandelt. Des Angeklagten „angeborene Weichheit kann ihn nicht entschuldigen", so entscheiden seine Richter und verurteilen ihn zum Tod; auch sie fällten ein typisches Terror- und Abschrekkungsurteil, ohne die individuelle Schuldfähigkeit des Angeklagten zu prüfen. Der Gerichtsherr begnadigte ihn zu fünfzehn Jahren Zuchthaus. Ob Moosbauer das „Dritte Reich" überlebt hat, ist jedoch nicht bekannt.

Gericht der Division Nr. 409
Zweigstelle Marburg/Lahn
St.L. III Nr. 155/44

Feldurteil
Im Namen des Deutschen Volkes!

In der Strafsache gegen
den Obergrenadier Johann M o o s b a u e r,
1. Stammkompanie/Grenadier-Ersatz-Bataillon 57 in Siegen,
geboren am 30. Mai 1907 in Oberpretz bei Passau
wegen Zersetzung der Wehrkraft (Selbstverstümmelung)
hat das am 21. Juni 1944 in Marburg/Lahn
zusammengetretene Feldkriegsgericht der Division Nr. 409,
Zweigstelle Marburg/Lahn,
an dem teilgenommen haben
als Richter:
Hauptmann Schepp, Heeresrichter k.A., Verhandlungsleiter,
Hauptmann Voßwinkel, Grenadier-Ersatz-Bataillon 116
in Marburg/Lahn,
Gefreiter Maser, Gendamerie-Kompanie/Grenadier-Ersatz-
Bataillon 116, Marburg/Lahn
– als Beisitzer –,
als Vertreter der Anklage:
Oberkriegsgerichtsrat Remmert,
als Urkundsbeamter der Geschäftsstelle:
Gefreiter Putsche,
für Recht erkannt:
Der Angeklagte wird wegen Zersetzung der Wehrkraft zum Tode und
zum Verlust der Wehrwürdigkeit auf Lebenszeit verurteilt.

Gründe

Der jetzt 37 Jahre alte Angeklagte besuchte die Volksschule in Prag
bei Passau. Dann wurde er in dem landwirtschaftlichen Betrieb seines
Vaters beschäftigt. Der Angeklagte hat inzwischen den 32 Morgen gro-
ßen Betrieb seines Vaters übernommen. Er ist verheiratet und hat fünf
Kinder im Alter von eins bis 14 Jahren. Vor seiner Einberufung zur
Wehrmacht arbeitete der Angeklagte etwa zwei Jahre lang bei der
Heeresstandortverwaltung in Passau. Am 25. 6. 43 wurde er zur
Stammbatterie le. Artillerie-Ersatz- und Ausbildungsabteilung 173 in
Pilsen einberufen. Anfang Juli 43 kam er zum Grenadier-Regiment 635
nach Rußland, wo seine Ausbildung fortgesetzt wurde. Zugleich war

der Angeklagte mit seiner Truppe im Sicherheitsdienst gegen feindliche Banden eingesetzt. Ab 23. 11. 43 kam er wegen eines Magenleidens in das Feldlazarett 707. Nach dreimonatigem Lazarettaufenthalt wurde er zum Grenadier-Ersatz-Bataillon 36 in Friedberg/Hessen entlassen. Von dort wurde er am 19. 5. 44 zur 1.Stammkompanie/Grenadier-Ersatz-Bataillon 57 in Siegen versetzt. Der Angeklagte ist jetzt wieder kriegs-verwendungsfähig. Außer einer Bestrafung mit 20,– Reichsmark Geld-strafe wegen Betrugs im Jahre 1938 ist der Angeklagte weder gericht-lich noch disziplinarisch vorbestraft.

Der Angeklagte mußte, nachdem er im April dieses Jahres kriegsver-wendungsfähig befunden worden war, damit rechnen, in Kürze zur Fronttruppe abgestellt zu werden. Für die Zeit vom 19. 5. bis 5. 6. 44 erhielt er noch einmal einen Erholungsurlaub, den er zu Hause bei sei-ner Familie verbrachte. Bereits im Oktober 1943 hatte die Ehefrau des Angeklagten ein Gesuch eingereicht, den Angeklagten in das Heimat-kriegsgebiet zurückzuversetzen. Dieses Gesuch wurde durch die Er-krankung des Angeklagten und seine damit verbundene Rückverlegung in die Heimat überholt. Vor Beginn seines letzten Urlaubs hatte nun der Angeklagte wieder mit seinem Hauptfeldwebel über ein Gesuch um Verwendung im Heimatkriegsgebiet gesprochen. Während seines Ur-laubs hatte sich dann der Angeklagte von seinem Ortsgruppenleiter und Bürgermeister ein entsprechendes Gesuch aufsetzen lassen, wel-ches er nach Rückkehr vom Urlaub bei seiner Kompanie abgeben wollte. Am 3. 6. 44, also am letzten Tage vor seiner Abreise, hackte der Angeklagte sich mit einer Axt den Zeigefinger und den Mittelfinger der rechten Hand ab. Der Zeigefinger war sofort ganz abgetrennt, während der Mittelfinger noch an einem Stück Haut hing. Der sofort hinzugezo-gene Arzt, Dr. Clarenz aus Hutthurm, veranlaßte die Überführung des Angeklagten in das Krankenhaus Hutthurm. Dort nahm er den Rest des Zeigefingers im Grundgelenk heraus und amputierte den Mittelfinger in der Mitte des Grundgliedes. Die abgenommenen Teile lagen dem Ge-richt in der Hauptverhandlung vor.

Der Angeklagte hat trotz wiederholten eindringlichen Vorhalts bis zu-letzt bestritten, daß er sich die Verstümmelung seiner rechten Hand absichtlich beigebracht habe. Er hat sich hierzu wie folgt eingelassen. Er habe an dem betreffenden Tage einen Stall für Junggänse fertigstel-len wollen. Zu diesem Zweck habe er einen acht bis zehn Zentimeter dicken und 50 bis 60 Zentimeter langen Fichtenpflock seiner Länge nach spalten wollen. Er habe den Pflock auf einen Zimmerbock aufge-setzt, ihn am oberen Ende mit der rechten Hand umfaßt und dann mit der Axt, welche er in der linken Hand – der Angeklagte ist Linkshänder – gehalten habe, zugeschlagen. In demselben Augenblick sei der Zim-merbock umgekippt, so daß ihm der Bock weggerutscht sei. Er habe gleichzeitig einen starken Schmerz in der rechten Hand verspürt, habe die Axt weggeworfen und sei in das Haus gelaufen. Erst seine Frau habe ihn darauf aufmerksam gemacht, daß seine Finger weg seien. Er selbst habe dies bis dahin nicht bemerkt gehabt.

Die Darstellung des Angeklagten ist in jeder Hinsicht unwahrscheinlich. Vor allem stimmt der Befund an den abgetrennten Teilen der Finger nicht mit der Darstellung des Angeklagten überein. Das Gericht selbst hat sich unter Zuziehung des ärztlichen Sachverständigen, Stabsarzt Prof. .... davon überzeugt, daß sich an den beiden Fingern außer der Wunde, welche die Trennung der Finger herbeigeführt hat, noch zwei weitere Schnittwunden befinden. Die beiden letzteren Wunden gehen nur bis an den Knochen, sie befinden sich an der Außenseite der Finger. Alle drei Wunden verlaufen in einem Abstand von je etwa einen halben Zentimeter parallel zu einander. Die drei Wunden können nach dem Gutachten des Sachverständigen, welchem sich das Gericht anschließt, unmöglich durch einen einzigen Axthieb herbeigeführt worden sein. Es ist auch unmöglich, daß etwa durch Federn oder Abrutschen der Axt die drei Wunden entstanden sein können. Es müssen vielmehr insgesamt mindestens drei Hiebe geführt worden sein, und zwar haben offensichtlich zwei Hiebe die Hand von oben getroffen, während der dritte Hieb von der Seite geführt worden ist und zuerst den Zeigefinger abgetrennt und dann den Mittelfinger bis auf einen kleinen Rest der Haut durchtrennt hat. Dieser Befund steht aber in einem unvereinbaren Gegensatz zu der Darstellung des Angeklagten.

Die Tat ist dem Angeklagten auch sonst durchaus zuzutrauen. Der Angeklagte hat sich zwar sonst in seinem Leben, insbesondere auch während seiner Dienstzeit in der Wehrmacht noch nichts Schwerwiegendes zuschulden kommen lassen. Der Angeklagte und seine Ehefrau waren jedoch fortgesetzt bemüht, zu erreichen, daß der Angeklagte im Heimatkriegsgebiet oder sonst an weniger gefährdeter Stelle eingesetzt würde. Der Angeklagte ist offenbar recht weich veranlagt. Es ist daher anzunehmen, daß es dem Angeklagten schwerfiel, nach Beendigung seines Urlaubs wieder von zu Hause wegzugehen, und daß er die Tat begangen hat, um hierdurch zu erreichen, entweder ganz zu Hause bleiben zu können oder doch wenigstens in der Heimat Verwendung zu finden. Dagegen wollte er unter allen Umständen verhindern, an die Front geschickt oder sonst fern der Heimat eingesetzt zu werden. Das Gericht ist hiernach davon überzeugt, daß der Angeklagte sich selbst verstümmelt hat, um sich auf diese Weise der Erfüllung des Wehrdienstes ganz oder teilweise zu entziehen. Der Angeklagte ist somit des Verbrechens nach § 5 Absatz 1 Ziffer 3 Kriegssonderstrafrechtsverordnung schuldig. Grundsätzlich steht auf dieses Verbrechen die Todesstrafe. Nur in minder schweren Fällen kann von der Todesstrafe abgesehen werden. Einen solchen minder schweren Fall vermochte das Gericht vorliegend nicht anzunehmen. Der Angeklagte hatte nicht den geringsten Anlaß, für sich das Recht in Anspruch zu nehmen, sich vor der Erfüllung einer Pflicht zu drücken, welche Hunderttausende anderer deutscher Männer getreu erfüllen. Der Angeklagte hat eines der schimpflichsten Verbrechen, welches für einen deutschen Mann denkbar ·ist, begangen und sich damit selbst aus der Gemeinschaft aller anständigen deutschen Soldaten und sonstigen Volksgenossen ausgeschlossen. Seine angeborene Weichheit kann ihn nicht entschuldigen. Auch aus Abschreckungsgründen konnte von der Todesstrafe nicht abgesehen werden. Auf diese Strafe war daher zu erkennen. Zugleich mußte dem Angeklagten nach § 31 Militärstrafgesetzbuch die Wehrwürdigkeit aberkannt werden.

Schepp
Hauptmann und Heeresrichter k. A.

Zu St.L. III Nr. 155/44 des Gerichts
der Division Nr. 409,
Zweigstelle Marburg/Lahn

Strafsache
gegen
den Obergrenadier Johann M o o s b a u e r.

Ich bestätige das Urteil.

Auf Grund der mir erteilten Ermächtigung wandle ich die Todesstrafe im Gnadenwege in eine Zuchthausstrafe von 15 Jahren um.

Diese Zuchthausstrafe ist zu vollstrecken.

Die seit der Urteilsverkündung erlittene Untersuchungshaft und die in die Zeit des Kriegszustandes fallende Verzugszeit sind nicht auf die Strafzeit anzurechnen.

Berlin, den 7. Juli 1944

Der Chef der Heeresrüstung und
Befehlshaber des Ersatzheeres:
Fromm
Generaloberst

Ein weiteres Beispiel dafür, daß die NS-Militärgerichte keineswegs unabhängig waren, bietet der Fall des 21jährigen Landwirtschaftsgehilfen Johann MÜLLER. Dieser hatte, um seinen Urlaub etwas zu verlängern, Tabletten eingenommen, die eine Lebererkrankung auslösten. Das zuständige Militärgericht glaubte, darin einen Fall von „Wehrkraftzersetzung" erkennen zu können und verurteilte ihn zu drei Jahren Zuchthaus. Der „Gerichtsherr" (das war damals der Reichsführer SS und Chef der Deutschen Polizei, Heinrich Himmler, der nach dem Attentat vom 20. Juli 1944 von Hitler zum Oberbefehlshaber des Ersatzheeres und Chef der Heeresrüstung ernannt worden war) kassierte jedoch das Urteil und verwies den Fall an ein anderes Gericht. Dort verwarf man die Milderungsgründe, die das erste Gericht anerkannt hatte (jugendlicher Unverstand, gute Führung, offenes Geständnis). Man sah in dem jungen Mann nur noch einen todeswürdigen „Drückeberger", den man nicht zuletzt deshalb hinrichten ließ, weil sich in dessen Heimatland Luxemburg vergleichbare Gelbsuchtfälle gehäuft hatten.

Gericht der Wehrmachtkommandantur
Leipzig
St.L.S. III Nr. 142/44

Feldurteil
Im Namen des Deutschen Volkes!

In der Strafsache gegen
    den Gefreiten Johann M ü l l e r,
    Grenadier-Ersatz-Bataillon 389, Sensburg,
geboren am 15. 3. 1923 in Fuhren/Luxemburg
wegen Zersetzung der Wehrkraft
hat das am 7. Dezember 1944 in Torgau
zusammengetretene Feldkriegsgericht,
an dem teilgenommen haben
    als Richter:
        Oberstabsrichter Hochheim, als Verhandlungsleiter,
        Hauptmann Jahn, Landesschützen-Bataillon 362,
        Obergefreiter Schubert, Standortkompanie zur besonderen
        Verwendung Torgau;
    als Vertreter der Anklage:
        Oberstabsrichter Büchner,
    als Urkundsbeamter der Geschäftsstelle:
        Heeresjustizinspektor Lehnart,
für Recht erkannt:
Der Angeklagte wird wegen Zersetzung der Wehrkraft zum T o d e
und zum Verlust der Wehrwürdigkeit verurteilt.

Gründe

Der am 15. 3. 23 geborene, ledige katholische Angeklagte ist seit
dem 20. 5. 43 Soldat und im Zivilberuf landwirtschaftlicher Gehilfe. Er
ist weder gerichtlich noch disziplinarisch vorbestraft, seine Führung
wird mit gut bezeichnet, und seit dem 1. 4. ist er Gefreiter. Er ist durch
Urteil vom 9. 8. 1944 wegen Zersetzung der Wehrkraft unter Aberkennung der Wehrwürdigkeit zu drei Jahren Zuchthaus verurteilt. Dieses
Urteil ist vom Befehlshaber des Ersatzheeres und Chef der Heeresrüstung* durch Verfügung vom 13. 10. 44 im Schuldausspruch bestätigt.
Im Strafausspruch ist es dagegen aufgehoben. In dem dazu erstatteten
Rechtsgutachten vom 9. 10. 44 ist dazu aufgeführt, daß die tatsächli-
chen Feststellungen und der Schuldausspruch bedenkfrei seien, daß
aber die Annahme eines minderschweren Falles nicht vertreten werden
könne, weil Selbstverstümmelungen schon aus Abschreckungsgründen
zumindestens im 6. Kriegsjahre die härteste Strafe erforderten.

* Heinrich Himmler, vgl. die Einleitung zu diesem Urteilsabdruck.

Hiernach steht rechtskräftig fest, daß der Angeklagte wegen Zersetzung der Wehrkraft nach § 5 Absatz 1 Nr. 3 Kriegssonderstrafrechtsverordnung zu bestrafen ist. Der Verurteilung liegt folgender, auch in der jetzigen Hauptverhandlung vom Angeklagten offen zugegebener Sachverhalt zu Grunde:

Der Angeklagte war von seiner Einheit für die Zeit vom 5. 4. bis 30. 4. 44 nach seinem Heimatort in Luxemburg beurlaubt. Auf der Fahrt in den Urlaub wurde er in Luxemburg von einem Unbekannten angesprochen, der ihm riet, durch Einnahme von Tabletten seinen Urlaub zu verlängern. Der Unbekannte gab ihm 18 Kapseln, die der Angeklagte gegen Ende seines Urlaubs zum Teil einnahm und durch deren Genuß er die gewünschte Gelbsucht bekam. Wegen dieser Erkrankung war der Angeklagte vom 29. 4. 44 sieben Wochen im Reserve-Lazarett-Bataillon Johann in Luxemburg in Behandlung und ist dann wieder völlig hergestellt.

Auch in der jetzigen Hauptverhandlung ist der Angeklagte dabei geblieben, daß er durch diese künstliche Erzeugung der Gelbsucht seinen Urlaub lediglich um einige Wochen verlängern wollte und daß er sich nicht mit anderen Luxemburgern verabredet hätte, sich auf diese Weise vom Heeresdienst zu drücken.

Es mag richtig sein, daß der 21jährige Angeklagte im jugendlichen Unverstand die Tragweite seiner Handlungsweise nicht voll übersehen hat und daß er nur einmal auf diese Weise zusätzlich Urlaub erschwindeln wollte. Weiter spricht zugunsten des Angeklagten, daß er unbestraft ist, sich als Soldat so gut geführt hat, daß er zum Gefreiten befördert werden konnte und daß er die Tat offen zugegeben hat. Alle diese Milderungsgründe sind jedoch nicht geeignet, einen minderschweren Fall im Sinne des Gesetzes zu rechtfertigen. Es muß hierbei nämlich berücksichtigt werden, daß im fünften Kriegsjahr und erst recht im sechsten Kriegsjahr derartigen Drückebergereien zur Aufrechterhaltung der Manneszucht mit aller Schärfe entgegengetreten werden muß, dies umso mehr, als sich die Fälle, in denen deutsche Soldaten aus Luxemburg sich durch Vortäuschung von Gelbsucht von der Erfüllung ihrer Wehrpflicht zu drücken suchten, in bedenklichem Umfange gehäuft haben. Liegt somit ein minderschwerer Fall im Sinne des § 5 Kriegssonderstrafrechtsverordnung nicht vor, so hat der Angeklagte die im Gesetz in erster Linie vorgesehene Todesstrafe durch seine Handlungsweise verwirkt. Der Angeklagte war deshalb zum Tode und außerdem nach § 31 Militärstrafgesetzbuch zum Verlust der Wehrwürdigkeit zu verurteilen.

Hochheim
Oberstabsrichter

4. Sonstige „Wehrkraftzersetzung"

Die unpräzisen Formulierungen des § 5 der Kriegssonderstraf-rechtsverordnung ermöglichten den NS-Kriegsrichtern auch eine Bestrafung von Verhaltensweisen, die keinen gesetzlich formulierten Tatbestand erfüllten; zum Beispiel „Untergra-bung der Manneszucht" oder „Entziehung der Erfüllung des Wehrdienstes durch Täuschung" oder „auf andere Weise". Das nannte man dann einfach „Zersetzung der Wehrkraft", eine Formulierung, die das Militärstrafgesetzbuch noch gar nicht kannte, erst die Kriegssonderstrafrechtsverordnung enthielt dieses schwammige Wortungetüm.

Übermut und eine ordentliche Portion Schnaps hatte wiederholt vier jugendliche Soldaten veranlaßt, „staatsfeindliche Versammlungen" abzuhalten, bei denen ein paar verbalradikale Äußerungen getan wurden und einige Führerbilder zu Bruch gingen. Als die Sache ruchbar wurde, erkannte ein Kriegsgericht durch jene Taten, die von den jungen Männern selbst erkennbar nicht ernst genommen worden waren, die Tatbestände der Zersetzung der Wehrkraft, Vorbereitung zum Hochverrat, Feindbegünstigung und Kriegsverrat als erfüllt. Zwar billigte man den Angeklagen zu, die „sehr erhebliche" Trunkenheit habe eine Einsichtsminderung hervorgerufen, doch könne diese sie nicht vor den Folgen ihrer Tat schützen, da sie „ihre Trunkenheit selbst verschuldet" hätten. Auch in diesem Fall interessierte sich ein Gericht, das diese Bezeichnung nicht verdient, in keiner Weise für die subjektive Schuldfähigkeit der Angeklagten. Vielmehr waren die sogenannten Richter der Auffassung, daß „ohne Rücksicht auf die Person der einzelnen Angeklagten" nur die schwersten Strafen angemessene Sühne für ihr Vergehen darstelle – eine menschenverachtende Haltung, die in der Logik der NS-Justiz aber Todesurteile rechtfertigte.

Reichskriegsgericht

StPL $\dfrac{\text{2. Sen. 4/44}}{\text{RKA I 424/43}}$

Im Namen
des Deutschen Volkes!

Feldurteil

In der Strafsache gegen

    1.) den Obergefreiten Siegfried D i e t z ,
    2.) den Obergefreiten Werner S p e n n ,
    3.) den Gefreiten Johann H o o p s ,
    4.) den Stabsgefreiten Walter B u c h h o l z ,

sämtlich von der Stabskompanie Sturm-Panzer-Abt. 216,
wegen Zersetzung der Wehrkraft u.a.
hat das Reichskriegsgericht, 2. Senat,
in der Sitzung vom 22. Januar 1944,
an der teilgenommen haben

    als Richter:
        Reichskriegsgerichtsrat Lueben, Verhandlungsleiter,
        Vizeadmiral Arps,
        Generalmajor Schöbel,
        Oberst Dautwiz,
        Oberkriegsgerichtsrat Kaehler,
    als Vertreter der Anklage:
        Reichskriegsanwalt Dr. Hoffmann,
    als Urkundsbeamter:
        Reichskriegsgerichtsoberinspektor Wagner,
für Recht erkannt:

Die Angeklagten sind des Kriegsverrats, der Vorbereitung zum Hochverrat und der Zersetzung der Wehrkraft schuldig.

Ein jeder von ihnen wird zum T o d e sowie zum Verlust der bürgerlichen Ehrenrechte und der Wehrwürdigkeit verurteilt.

Von Rechts wegen.

Gründe

I.

Im Juli oder August 1943, als die Einheit der Angeklagten im Raume von Orel lag, zeigte sich bei einigen ihrer Angehörigen eine gewisse Unzufriedenheit, die ihren Grund in einer angeblich ungerechten Behandlung durch den Kompanieführer hatte. Am meisten schimpften und meckerten der Stabsgefreite W e b e r und der Gefreite R u f . Bei einer Unterhaltung, die Ruf mit Weber führte, beklagte sich letzterer darüber, daß er zu Unrecht mit 5 Tagen geschärften Arrest bestraft worden sei, und kam in abfälliger Weise auf die allgemeine Kriegslage zu sprechen. Ruf äußerte darauf, Weber sei ein geborener Rebell und richtiger Soldatenrat. Beide entschlossen sich, einen Soldatenrat zu gründen, dem sich später auf Werbung des Ruf mehrere andere Soldaten anschlossen.

Einige Wochen später zu Beginn des Oktober 1943 fand Ruf, nachdem die Truppe der Angeklagten nach dem Dorf Einlage in der Nähe von Saporoshje verlegt worden war, bei der Räumung eines Offizierkasinos ein von den Russen stammendes Flugblatt, das sich mit der Gründung eines Komitees „Freies Deutschland" befaßt.Es enthält einen angeblich von kriegsgefangenen deutschen Offizieren herrührenden Aufruf an die deutschen Truppen, bis zur deutschen Reichsgrenze zurückzugehen und den Russen ihr Land zu überlassen. Auf dem Flugblatt befand sich der Bleistiftvermerk „Feindpropaganda". Ruf lieferte dieses Flugblatt nicht ab, sondern zeigte es unter seinen Kameraden herum.

Nach Durchführung von Ermittlungen durch die örtlichen Dienststellen übersandte der Oberbefehlshaber der 1. Panzerarmee die Akten dem Präsidenten des Reichskriegsgerichts mit der Bitte um Übernahme der Sache, wo sie am 20. 12. 1943 eingingen.

Auf die Anklage vom 22. 12. 1943 hin ist der Gefreite Ruf vom erkennenden Senat am gleichen Tage wegen Kriegsverrats, Vorbereitung zum Hochverrat und Zersetzung der Wehrkraft zum Tode verurteilt worden. Der Gerichtsherr hat das Urteil am 23. 12.1943 bestätigt.

Auf Grund weiterer Ermittlungen sind die Obergefreiten Dietz und Spenn und der Stabsgefreite Buchholz Ende Dezember 1943 und der Gefreite Hoops Anfang Januar 1944 festgenommen worden. Gegen sie ist am 16. 1. 1944 Anklage erhoben worden.

II.

1.) Der Angeklagte *Siegfried* Herbert Dietz ist am 29. Oktober 1915 in Berlin als Sohn eines Maschinenschlossers geboren. Er ist verheiratet und hat 3 Kinder. – Nach Besuch der Volksschule war er in verschiedenen Betrieben als Hilfsarbeiter, zuletzt als Kassenbote beschäftigt. Seit November 1937 steht er ununterbrochen im Wehrdienst. Er hat an den Kämpfen im Westen, in Afrika und im Osten teilgenommen und besitzt das Panzersturmabzeichen und das Verwundetenabzeichen. Seit 1. 4. 1943 ist er Obergefreiter. Seine Führung wird als gut bezeichnet; er wird als willig, arbeitsam und ordnungsliebend geschildert. Gerichtlich ist er angeblich nicht bestraft, disziplinarisch hat er im Jahre 1942 zweimal je 5 Tage geschärften Arrest erhalten.

Dietz gehörte seit 1929 der HJ an und besitzt das goldene Ehrenzeichen der HJ. Später trat er zum NSKK und dann zur SA über. Seit 1935 ist er Parteigenosse.

2.) Der Angeklagte Werner Spenn ist am 8. 9. 1918 in Wittenberge als Sohn eines Arbeiters geboren und seit Mai 1943 verheiratet. Nach

Besuch der Volksschule erlernte er das Tischlerhandwerk, betätigte sich dann aber als landwirtschaftlicher Arbeiter. Von April bis Oktober 1937 genügte er seiner Arbeitsdienstpflicht. Er wurde während dieser Zeit mit 4 Wochen geschärftem Arrest bestraft, weil er einem Kameraden eine Uhr gestohlen hatte. Später war er Streckenarbeiter bei der Reichsbahn. Seit November 1938 steht er ununterbrochen im Wehrdienst. Er hat am Westfeldzug und seit Juli 1943 am Ostfeldzug teilgenommen. Seit 1. 12. 1940 ist er Obergefreiter. Seine Führung wird als genügend bezeichnet; er wird als zuverlässig, willig, arbeitsam und als offener und ehrlicher Charakter beurteilt. – Gerichtlich ist er wegen Verführung eines Minderjährigen mit 2 Monaten Gefängnis, disziplinar dreimal mit insgesamt 16 Tagen geschärftem Arrest bestraft worden. Seit 1933 hat er der HJ angehört.

3.) Der Angeklagte *Johann* Hinrich Hoops ist am 28. 1. 1924 in Hadenfeld Kreis Steinburg (Schleswig-Holstein) als Sohn eines Spediteurs geboren. Er ist ledig. – Nach Besuch der Voksschule wurde er Autoschlosser. – Im Oktober 1942 wurde er zum Wehrdienst einberufen und kam im Sommer 1943 an die Ostfront. Dort wurde er am 16. 10. 1943 durch Granatsplitter verwundet. Er besitzt das Verwundetenabzeichen. Seit dem 1. 9. 1943 ist er Gefreiter. Seine Führung wird als ziemlich gut bezeichnet; er wird als offen, gutmütig, arbeitsam und guter Kamerad beurteilt. Er ist weder gerichtlich noch disziplinar bestraft. Er hat der HJ und später dem NSKK angehört.

4.) Der Angeklagte *Walter* Alfred Otto Buchholz ist am 21. 7. 1914 in Berlin als Sohn eines Konditors geboren. Er ist verheiratet und hat ein Kind. – Nach Besuch der Volksschule erlernte er das Schneiderhandwerk. Von 1936 – 1938 genügte er seiner aktiven Dienstpflicht. Im April 1940 wurde er erneut einberufen und nahm am West- und Ostfeldzug teil. Er ist Inhaber der Ostmedaille. Seit 1. 10. 1943 ist er Stabsgefreiter. Seine Führung wird als mangelhaft bezeichnet; er wird als sehr zurückhaltend, stur, unkameradschaftlich und als sehr vorlaut gegenüber Vorgesetzten beurteilt. Gerichtlich ist er nicht, disziplinarisch dagegen mit zusammen 8 Tagen Arrest bestraft.

III.

1.) Mit dem zu I erwähnten Ruf waren die Angeklagten Dietz, Spenn und Buchholz erst im Herbst 1943, als ihre Truppe an der russischen Südfront lag, in nähere Beziehungen getreten. Der Angeklagte Hoops hatte dagegen die Einstellung des Ruf bereits im Juli oder August 1943, als die Truppe sich im Raume von Orel befand, kennengelernt. Er war nämlich zugegen gewesen, als Ruf und Weber die Gründung eines Arbeiter- und Soldatenrates beschlossen hatten. Er hatte damals auch die Äußerung des Ruf gehört, man wisse nicht, wie es noch werden solle, es komme noch so weit, daß man eines Tages bei den Russen Steine klopfen werde. Hoops will allerdings zu jener

Zeit noch nicht gewußt haben, welche Bewandtnis es mit dem Arbeiter- und Soldatenrat hatte.

2.) Am 10. Oktober 1943 lag die Einheit der Angeklagten im Dorf *Einlage* bei Saporoshje. Die Angeklagten Dietz, Spenn und Hoops hatten ein gemeinschaftliches Quartier, in welchem Dietz am Morgen dieses Tages über dem Bett des Spenn ein aus Saporoshje mitgebrachtes Führerbild unter Glas und Rahmen aufgehängt hatte.

Am Abend des Tages erschien Ruf in angetrunkenem Zustande in diesem Quartier und brachte 1 oder 2 Flaschen Schnaps mit. Er forderte Dietz, Spenn und Hoops auf, mit ihm zu zechen, was diese taten. Im Verlauf der Unterhaltung, die allmählich ins politische Fahrwasser überging, zeigte Ruf den 3 Angeklagten das schon zu I erwähnte Flugblatt des sogenannten Komitees „Freies Deutschland". Alle 3 Angeklagten lasen dieses Flugblatt. Ruf schlug vor, den von ihm und Weber gegründeten Arbeiter- und Soldatenrat in Komitee „Freies Deutschland" umzubenennen und Weber zum Präsidenten zu bestimmen. Die 3 Angeklagten stimmten zu. Unterdessen ließ der Angeklagte Dietz ein Grammophon mit russischen Platten spielen. Unter diesen befand sich das den 3 Angeklagten als solches bekannte kommunistische Kampflied „Brüder, zur Sonne, zur Freiheit", das von den Nationalsozialisten seit der Kampfzeit mit dem Text „Brüder in Zechen und Gruben" gesungen wird. Dabei äußerten Ruf oder Dietz, das sei eine aufreizende Platte. Wer von beiden dies gesagt hat, kann nicht mit Sicherheit festgestellt werden. Jedenfalls stimmte Ruf nunmehr das Lied in der kommunistischen Fassung an, forderte die 3 Angeklagten auf, aufzustehen, mitzusingen und dabei den rechten Arm mit geballter Faust zu erheben. Die 3 Angeklagten taten das. Ruf erklärte das Lied zum Vereinslied, das stets bei Zusammenkünften und der Aufnahme neuer Mitglieder gesungen werden müsse.

Nunmehr meinte Ruf, man müsse etwas zum Kaputtschlagen haben. Plötzlich erblickte er das Führerbild und rief: „Weg mit dem Volksverführer (oder Volksverderber)". Ruf gibt zwar an, daß der Angeklagte Dietz diese Äußerung getan habe. Dietz hat das aber stets auf das Entschiedenste bestritten; seine Darstellung wird bestätigt durch den Angeklagten Spenn. Der Senat ist daher überzeugt, daß der Ausruf von Ruf stammt.

Nach dem Ausruf des Ruf stieg der Angeklagte Spenn auf sein Bett und nahm das Führerbild von der Wand. Darauf wurden Glas und Rahmen von den 4 Beteiligten zerschlagen und auf Anstiften des Ruf das Führerbild von ihnen an allen 4 Ecken angesteckt. Als es verbrannt war, wurde die Asche von Hoops bespuckt.

Unter Zurücklassen des Angeklagten Hoops, der nun betrunken an der Erde lag, brachten die Angeklagten Dietz und Spenn den Ruf in sein Quartier. Dabei kletterten sie mit Hilfe einer Leiter auf das flache Dach dieses Hauses und warfen den Schornstein hinunter. Ruf zertrümmerte in seinem Quartier, das er mit dem Gefreiten Hartwig teilte, die Lampe. Dietz erzählte dabei, daß sie ein Führerbild zerschlagen hätten. Dann gingen die Angeklagten Dietz und Spenn in ihr Quartier zurück, legten Hoops auf sein Bett und räumten die Stube auf, wobei sie die Glas- und Holzteile des zertrümmerten Führerbildes hinausschafften. – Am nächsten Morgen holte sich Ruf bei ihnen Kaffee. – An einem nicht näher festgestellten späteren Tage forderte Ruf die 3 Angeklagten auf, sie sollten aus Saporoshje weitere Führerbilder mitbringen, um sie – wie der Angeklagte Hoops von Ruf gehört zu haben sich erinnert – zu verbrennen.

3.) Am 12. Oktober 1943 abends veranstalteten Ruf und der gesondert angeklagte Obergefreite Matysek zur Feier von dessen Geburtstag im Quartier der Angeklagten Dietz, Spenn und Hoops ein neues Gelage. Zu diesem hatten sie auch den Angeklagten Buchholz eingeladen, der einige Zeit nach Ruf und Matysek erschien. An diesem Abend, an dem von allen – außer von Hoops und Buchholz – wieder erheblich gezecht wurde, wurde Matysek nach einer Rede des Ruf in das Komitee „Freies Deutschland" aufgenommen. Auch der Angeklagte Buchholz wurde von Ruf über den Zweck des Komitees belehrt, erhielt von ihm auch ein russisches Flugblatt zum Lesen. Er wurde aber noch nicht aufgenommen, weil einige der Anwesenden sich dagegen aussprachen und Buchholz auch keine Flasche Schnaps mitgebracht hatte, den jedes neue Mitglied als Einstand zu geben hatte. Nach der Aufnahme des Matysek wurde vom Angeklagten Dietz wieder das kommunistische Kampf- und nunmehrige „Vereinslied" auf dem Grammophon gespielt und von allen Beteiligten, auch vom Angeklagten Buchholz mit erhobener Faust mitgesungen. Dies wurde später noch einmal wiederholt. Ruf teilte dann mit, daß er jetzt Präsident des Komitees sei und daß der Angeklagte Dietz sein Stellvertreter und der Angeklagte Spenn Schreiber seien. Dann trennte man sich.

4.) Nachdem der Angeklagte Hoops am 16. Oktober 1943 verwundet worden war, schrieb er aus dem Reserve-Lazarett in Brünn am 6. November 1943 an Ruf in einem Briefe u.a. folgendes:

„Ich träume so oft, ich muß noch etwas zerdeppern. Der ? hängt bei mir überm Bett. Ich kann ihn nicht runter holen, weil er direkt an der Wand festgemacht ist. Ich denke so oft an Euch."

Hoops gibt zu, mit „?" das Führerbild gemeint zu haben. Er hat im Ermittlungsverfahren erklärt, er habe den Brief geschrieben, weil er sich mit seinen Kameraden verbunden fühle und genau so denke wie sie.

5.) Als die Truppe der Angeklagten nach Nowo-Nikolajewka verlegt worden war, lud der gesondert angeklagte Feldwebel Schwarz etwa am 7. November 1943 den Angeklagten Buchholz sowie Ruf zu einem abendlichen Trinkgelage in sein Quartier ein. Ruf brachte zwei Ukrainerinnen, Buchholz eine Russin mit. Zu Beginn des Zusammenseins war kurze Zeit der Obergefreite Pohl anwesend. Zeitweilig waren auch die ebenfalls gesondert angeklagten Unteroffiziere Pallat und Viehweger zugegen, insbesondere beim Ende des Gelages. Ruf, Buchholz und Schwarz zechten bei Schallplattenmusik erheblich und scherzten und lachten mit den 3 Frauen. Im Verlauf des Abend äußerte Ruf: „Daß wir hier in Rußland sind, verdanken wir dem Führer." Bei Beendigung des Gelages zog der Angeklagte Buchholz plötzlich seine Pistole und richtete sie auf das in dem kleinen Zimmer an der Wand hängende Führerbild. Ruf oder Schwarz oder beide riefen nun in aufreizender Weise dem Angeklagten Buchholz zu: „Du traust Dir nicht." Der Unteroffizier Pallat und die 3 Russinnen suchten das Vorhaben des Angeklagten Buchholz zu verhindern. Buchholz drückte trotzdem ab und beschädigte mit dem Schuß das Führerbild am Rande.

Am nächsten Tage sagte Feldwebel Schwarz zum Angeklagten Buchholz: „Was haben wir gestern Abend nur angerichtet, Du hast auf das Führerbild geschossen, Du hast es aber nicht getroffen."

6.) Einige Tage vor der am 5. Dezember 1943 in Nowo-Nikolajewka erfolgten Verhaftung des Ruf hörte der Angeklagte Spenn von dem gesondert angeklagten Unteroffizier Strack, daß die Feldpolizei hinter Ruf her sei. Er teilte dies dem Ruf mit, um ihn zu warnen. Als Ruf wieder davon sprach, er sei der Vorsitzende des Komitees, Dietz sei sein Stellvertreter und Spenn der erste Schreiber. Bei diesem Gespräch war auch Dietz zugegen. Die Beteiligten waren nüchtern.

IV.

Vorstehender Sachverhalt ist durch die Geständnisse der 4 Angeklagten und den übrigen Akteninhalt erwiesen.

Die Angeklagten Dietz, Spenn und Hoops verteidigen sich damit, daß sie die Gründung des Komitees „Freies Deutschland" wie alles weitere nicht für ernst gehalten, sondern nur als Ausfluß ihrer und des Ruf trunkenen Laune angesehen hätten. Außerdem behauptet Hoops – erstmalig in der Hauptverhandlung –, er sei schon vor dem Zerschlagen und Verbrennen des Führerbildes sinnlos betrunken gewesen. – Auch der Angeklagte Bucholz sucht sein Verhalten mit sinnloser Trunkenheit zu entschuldigen.

Dazu ist folgendes zu bemerken:

Alle 4 Angeklagten haben die politische Einstellung des Ruf gekannt, Hoops schon seit Juli oder August 1943. Sie wußten also, daß Ruf kommunistisch eingestellt war. Trotzdem nahmen Dietz, Spenn und Hoops auch nach dem Gelage vom 10. Oktober 1943, das zu schwersten Ausschreitungen geführt hatte, noch an der Trinkerei vom 12. Oktober 1943 teil, bei der sie sich unter dem Einfluß des Ruf wieder wie Kommunisten betätigten. Sie waren zwar beide Male stark angetrunken. Jedoch war keiner von ihnen so betrunken, daß er nicht mehr gewußt hätte, was er tat, wenn auch Hoops am Schluß des Gelages vom 10. Oktober 1943 auf der Erde gelegen hat. – Das Gleiche gilt für den Angeklagten B u c h h o l z. Ihm mögen zwar am Schluß der Zecherei infolge des Alkoholgenusses und der aufreizenden Zurufe des Ruf und des Schwarz die letzten Hemmungen gefehlt haben. Aber auch er hat noch gewußt, was er tat, als er auf das Führerbild schoß.

Den 4 Angeklagten muß zwar zugebilligt werden, daß sie zeitweise sehr erheblich angetrunken waren und daß infolgedessen ihre Fähigkeit, das Unerlaubte ihrer Tat einzusehen und nach dieser Einsicht zu handeln, zeitweise erheblich vermindert war (§ 51 Abs. 2 StGB).

Das schützt sie aber aus zwei Gründen nicht: Sie haben, wie sie zugeben mußten, ihre Trunkenheit selbst verschuldet. Diese selbstverschuldete Trunkenheit bildet keinen Strafmilderungsgrund, weil sich ihre strafbaren Handlungen ausschließlich gegen die Pflichten der militärischen Unterordnung richteten (§ 49 Abs. 2 MStGB). Sie haben zweitens in nüchternem Zustande alle ihre Handlungen wiederholt gebilligt, wie sich ganz besonders eindeutig aus dem schon erwähnten Brief des Angeklagten H o o p s vom 6. November 1943 und der Warnung des Ruf durch den Angeklagten S p e n n in Nowo-Nikolajewka zeigt.

V.

Die Taten der 4 Angeklagten gehören zu den schwersten, die deutsche Soldaten begehen könen. Straftaten, wie die der Angehörigen der Stabskompanie der Sturmpanzerabteilung 216, sind bisher beim Reichskriegsgericht nicht zur Aburteilung gelangt. Sie muten wie trübste Etappenerscheinungen des Jahres 1918 an und können ohne Rücksicht auf die Person der einzelnen Angeklagten nur mit den schwersten Strafen gesühnt werden. Wenn die 4 Angeklagten auch keineswegs aktivistisch eingestellte Kommunisten sind, so müssen sie sich doch als kommunistische Mitläufer mit allen sich daraus ergebenden Folgen behandeln lassen.

1.) Alle 4 Angeklagten haben in objektiver Hinsicht Z e r s e t z u n g d e r W e h r k r a f t in schwerster Form begangen. Sie haben es unternommen, die Mannszucht in der deutschen Wehrmacht auf die übelste Art und Weise zu untergraben. Wer als Soldat ein Führerbild zerschlägt oder verbrennt oder die Asche bespuckt oder auf ein Führerbild schießt, stellt sich außerhalb jeder soldatischen Gemeinschaft und damit der Volksgemeinschaft überhaupt.

2.) Alle 4 Angeklagten haben ferner durch ihr Mitmachen an den kommunistischen Veranstaltungen des Ruf in objektiver Hinsicht ein h o c h v e r r ä t e r i s c h e s U n t e r n e h m e n v o r b e r e i t e t. Ihre im Ausland begangene Tat war darauf gerichtet, zur Vorbereitung des Hochverrats einen organisatorischen Zusammenhalt herzustellen und aufrecht zu erhalten und die deutsche Wehrmacht zur Erfüllung ihrer Pflicht untauglich zu machen, das deutsche Reich gegen Angriffe auf seinen äußeren und inneren Bestand zu schützen. Es bedarf keiner Ausführung, daß das Treiben der Angeklagten, insbesondere ihr Verhalten in dem Komitee „Freies Deutschland", das Mitsingen des „Vereinsliedes", das Emporrecken des rechten Armes mit der geballten Faust, hochverräterisch im Sinne des § 80 StGB war.

3.) Die Taten der Angeklagten stellen gleichzeitig in objektiver Hinsicht Feindbegünstigung dar.

Wer während des schwersten Schicksalskampfes des deutschen Volkes gegen seinen sowjetischen Todfeind, noch dazu als Soldat der Ostfront, sich so verhält und solche Taten begeht, wie die 4 Angeklagten, unternimmt es, während eines Krieges gegen das Reich der feindlichen Macht Sowjet-Rußland Vorschub zu leisten und dadurch gleichzeitig der Kriegsmacht des Reiches Nachteile zuzufügen. Es bedarf keines Wortes, daß solche Taten unter der russischen Zivilbevölkerung im besetzten Ostraum nicht verborgen bleiben und Hoffnungen und Wünsche an einen bevorstehenden deutschen Zusammenbruch wie im Jahre 1918 wachrufen. Das gilt besonders für die Tat des Angeklagten Buchholz, bei der 3 Russinnen zugegen waren.

4.) Der Senat hat bei jedem Angeklagten eingehend geprüft, ob er sich der Täterschaft (oder Mittäterschaft) schuldig gemacht oder ob er es nur unterlassen hat, den Hoch- und Landesverrat (oder Kriegsverrat) anderer zu melden (§ 139 StGB, § 60 MStGB).

Wenn die Angeklagten auch zeitweise stark angetrunken waren und wenn sie auch keine aktiv tätigen Kommunisten sind, so sind sie doch dem verderblichen Einfluß des Ruf immer wieder unterlegen und haben seine Handlungen nicht nur gebilligt und nicht gemeldet, sondern haben sie – auch nüchtern – immer wieder mitgemacht, wie bereits am Schluß von Ziffer IV dargetan ist. Sie waren sich dabei nach der Überzeugung des Senates nicht nur bewußt, daß sie durch ihre Taten die Mannszucht auf das Schwerste untergruben, sondern auch, daß sie gerade das taten, was der Feind mit seinem Flugblatt zu erreichen hoffte, nämlich kommunistische Zellenbildung und gewaltsamen Umsturz. Sämtliche Angeklagten sind also Mittäter des Ruf.

Sie sind daher nicht nur wegen Zersetzung der Wehrkraft (§ 5 Abs. 1 Nr. 2 KSSVO), sondern auch wegen Vorbereitung zum Hochverrat (§§ 83 Abs. 2 und 3 Nr. 1, 2 und 4 StGB) und wegen Feindbegünstigung (§ 91 b StGB) zu verurteilen. Da sie die Feindbegünstigung als Soldaten im Felde (§ 9 Nr. 1 MStGB) begangen haben, sind sie nach § 57 MStGB wegen Kriegsverrates zu bestrafen.

5.) Die einzelnen Straftaten der Angeklagten stellen jeweils eine fortgesetzte Handlung dar. Sie stehen zueinander im Verhältnis der Tateinheit. Die Strafe ist daher gemäß § 73 StGB dem § 57 MStGB als dem schwersten Strafgesetz zu entnehmen. Diese Vorschrift droht ausschließlich die Todesstrafe an. Der Senat hat daher gegen jeden der 4 Angeklagten auf Tod erkannt.

Allein auf Todesstrafe wäre im übrigen auch zu erkennen gewesen, wenn die Angeklagten nur wegen Zersetzung der Wehrkraft und Vorbereitung zum Hochverrat hätten verurteilt werden können; denn das von den Angeklagten an den Tag gelegte Verhalten ist für deutsche Soldaten so unerhört und in seinen Folgen so gefährlich, daß nur der Tod als angemessene Sühne überhaupt in Frage kommt.

Die Verhängung der Ehrenstrafen beruht auf § 32 StGB und § 33 Nr. 1 MStGB.

Lueben   Arps   Schöbel   Dautwiz   Kaehler

Der Präsident
des Reichskriegsgerichts
als Gerichtsherr
StPL (RKA) I 424/43   Torgau, den 28. 1. 1944

Bestätigungsverfügung

Ich bestätige das Urteil.

Die Vollstreckung der Strafe wird bis zur Erledigung des Verfahrens gegen die übrigen Mitbeschuldigten ausgesetzt.

Bastian
Admiral

Unmittelbar vor Kriegsende hatte der 30jährige Oberboots-maat Rudolf GEBHARD in stark angetrunkenem Zustand Sprüche geklopft, die wenig schmeichelhaft für seinen obersten Kriegsherrn waren. Wie sehr betrunken der Soldat nun wirklich war, der seit 1934 (!) der Kriegsmarine angehörte, ließ sich aus den Angaben der Zeugen nicht genau erschließen. Immerhin konnte das Gericht, das über den Fall zu urteilen hatte, „eine Unzurechnungsfähigkeit des Angeklagten nicht mit hinreichender Sicherheit ausschließen". Aber die Richter machten es sich einfach: „Persönliche Umstände", so befanden sie, könne man in einem solchen Fall ebensowenig berücksichtigen wie die bisherige gute Führung des Angeklagten.

Ausgerechnet an dem Tag, an dem Hitler durch seinen Selbstmord eingestand, den Krieg verloren zu haben, nämlich am 30. April 1945, werteten die Richter das Verhalten Gebhards noch als „objektiv zersetzend" und verurteilten Gebhard zum Tode.

Der Gerichtsherr hat am 1. Mai 1945 die *sofortige* Erschießung Gebhards verfügt. Vielleicht wollte er der schon bevorstehenden Kapitulation, deren Herannahen man ahnen konnte, noch zuvorkommen; hätte sie doch eine Vollstreckung von Todesurteilen eigentlich unmöglich machen müssen. Gebhard hatte Glück; es ist nicht mehr gelungen, ihn zu erschießen (siehe dazu Seite 155).

Gericht des Admirals
der Kriegsmarinedienststelle Hamburg und
der Marinebordflakbrigade Nord
(ohne Aktenzeichen)

Urteil
im Namen des Deutschen Volkes!

In der Strafsache gegen
       den Oberbootsmaat Rudolf Gebhard,
wegen Zersetzung der Wehrkraft pp
hat ein am 30. April 1945 in Hamburg
auf Befehl des Gerichtsherrn und Admirals der
Kriegsmarinedienststelle Hamburg
zusammengetretenes Kriegsgericht,
an dem teilgenommen haben
  als Richter:
      1. Geschwaderrichter Dr. Ewald, Verhandlungsleiter,
      2. Korvetten-Kapitän Daasch,
      3. Oberboots-Maat Bartels,
  als Vertreter der Anklage:
      Marineoberstabsrichter Schwanhäuser,
  als Urkundsbeamter der Geschäftsstelle:
      Marinejustizoberinspektor Schäfer,
für Recht erkannt:
  Der Angeklagte wird wegen Zersetzung der Wehrkraft in Tateinheit
mit Vorbereitung zum Hochverrat und wegen Vergehens gegen § 330 a
Reichsstrafgesetzbuch gemäß § 5 a KSSVO unter Freisprechung im
übrigen zum Tode, zur Wehrunwürdigkeit und zum dauernden Ehrverlust verurteilt.

Gründe

  Der 30 Jahre alte Angeklage hat nach Absolvierung der 8klassigen
Volksschule eine Landwirtschaftsschule besucht und ist Landwirt. Er ist
am 1. 1. 34 in die Kriegsmarine eingetreten, ist jedoch nicht Berufssol-
dat. Am 1. 6. 38 wurde er zum Bootsmannsmaaten und am 1. 7. 40
zum Oberbootsmannsmaaten befördert. Er ist nach eigenen Angaben
einmal wegen Mißbrauchs der Dienstgewalt mit 4 Wochen geschärftem
Arrest bestraft, disziplinar einmal wegen Urlaubsüberschreitung.
  Auf Grund der uneidlichen aber glaubhaften Aussagen des Leutnants
Glantz, des Verwaltungsobergefreiten Schmitz, des Funkmaaten Kellner, des Signalobermaaten Swiderski und des Obermaschinisten Hatje
ist folgender Sachverhalt festgestellt:

Am 19. 4. 45 vormittags war der Angeklagte von Kellner zu Schnaps eingeladen. Es wurde eine Flasche getrunken, wieviele Leute daran beteiligt waren, hat nicht festgestellt werden können. Der Angeklagte war angetrunken, er hatte zwar glasige Augen, seine Sprache war aber klar und deutlich, er torkelte nicht. Er war über irgend etwas wütend und äußerte:

Der Führer ist ein schwuler Hund und hat uns alle ins Unglück gestürzt und ich werde schon mit ihm abrechnen. Er muß erschossen werden.

Kurz darauf stand er mit erhobener Faust am Fallreep und schrie:

Wir kämpfen nur noch für die Kommune.

Der Angeklagte will sich infolge von Trunkenheit an nichts erinnern. Er behauptet, durchaus national eingestellt zu sein, bei gelegentlichen pessimistischen Stimmungen in letzter Zeit habe er unter seinen Kameraden aufmunternd gewirkt. Letzteres ist von dem Signalobermaat Swiderski bestätigt, der ebensowenig wie die übrigen Zeugen jemals irgendwelche üble Äußerungen des Angeklagten gehört hat.

Es kann keinem Zweifel unterliegen, daß die Äußerung des Angeklagten nicht nur im höchsten Maße beleidigend für den Führer ist, sondern auch, da sie in Gegenwart von Kameraden, die darüber empört waren, objektiv zersetzend und den Willen zur wehrhaften Selbstbehauptung zu lähmen geeignet ist. Sie ist auch öffentlich im Sinne des § 5 Ziffer 1 KSSVO gemacht und dem Angeklagten ist das auch bewußt gewesen, denn als älterer Unteroffizier konnte er nicht annehmen, daß die Kameraden darüber schweigen würden, was sie ja auch gar nicht durften. Er ist auch nicht einmal zur Einsicht gekommen, als Kellner ihm sofort erwiderte, er werde das melden, hat vielmehr entgegnet, Kellner könne machen, was er wolle. Der Angeklagte ist auch nicht unzurechnungsfähig im Sinne des § 51 Militärstrafgesetzbuches gewesen, denn er sprach klar und deutlich, torkelte nicht und ist anschließend zum Kommandanten gegangen, um die Bücher unterschreiben zu lassen. Die zweite Äußerung mit erhobener Faust stellt neben einer Zersetzung auch die Vorbereitung eines hochverräterischen Unternehmens dar, denn sie kann nichts anderes bedeuten als die Kundgabe der Absicht, mit einem etwaigen kommunistischen Umsturz gemeinsame Sache zu machen, wenn sie nicht gar bedeuten sollte, daß er Soldaten auffordern wollte, ebenso zu handeln. Er ist daher weiter nach § 83 Reichsstrafgesetzbuch zu bestrafen.

Am 20. 4. 45 verschaffte sich der Angeklagte von dem Obergefreiten Hemke 2 Flaschen Rum. Er fragte nicht nach der Herkunft. Daß Hemke den Rum gestohlen hat, ließ sich nicht nachweisen, folglich auch nicht ein Bewußtsein des Angeklagten von einer etwaigen strafbaren Erlangung des Alkohols. Von der Anklage der Hehlerei mußte daher der Angeklagte freigesprochen werden.

Er nahm eine Flasche Rum mit an Land und trank sie mit einer unbekannten Frauensperson in St. Pauli aus, und zwar zum überwiegenden Teil, wie ihm nicht zu widerlegen war, selbst. Er nahm dann die Frau mit an Bord, der Steuermann Rasch nahm auch eine Frau mit. An Bord wurde dann noch die zweite Flasche Rum ausgetrunken.

Gegen 6.30 fand der Obermaschinist Hatje den Angeklagten in dem am Kai liegenden Beiboot. Der Angeklagte erzählte in ziemlich verworrener Weise, daß er Zucker besorgt habe, der irgendwo herumgelegen hätte. Hatje veranlaßte ihn, an Bord zu kommen. Der Angeklagte brachte einen Sack voll Zucker mit, etwa 40 Pfund. Die Herkunft hat nicht aufgeklärt werden können, das erschien auch angesichts der übrigen schwerer wiegenden Straftaten nicht erforderlich.

Gegen 8.30 traf Leutnant Glantz den Angeklagten mit 2 Mädchen in der Kammer. Er befahl ihm, die Mädchen sofort von Bord zu schaffen und seinen Dienst unverzüglich aufzunehmen. Nach etwa ¼ Stunde erklärte er auf Befragen, daß die Mädchen noch an Bord seien, sie kämen nur von Bord, wenn er sie selbst von Bord bringen dürfe. Das wurde selbstverständlich verweigert. Darauf pöbelte der Angeklagte den Vorgesetzten an, erklärte, er habe an Bord keinen Vorgesetzten mehr, er tue was er wolle und lasse sich von keinem etwas befehlen. Hierin liegt, wie keiner weiteren Ausführung bedarf, eine ostentative Gehorsamsverweigerung nach § 94 Militärstrafgesetzbuch. Als Leutnant Glantz ihm den Befehl gab, sofort in seine Kammer zu gehen, faßte der Angeklagte den Vorgesetzten am Rock an und schüttelte ihn. Darin liegt sowohl ein tätlicher Angriff gegen einen Vorgesetzten wie eine Widersetzung, denn er wollte den Vorgesetzten offensichtlich veranlassen, von der Durchführung des Befehls Abstand zu nehmen (§§ 96, 97 Militärstrafgesetzbuch).

Gleich darauf kam Fliegeralarm. Der Angeklagte stellte sich ans Fallreep und pöbelte in übelster Weise. Zu Leutnant Glantz sagte er unter anderem:

Du Lump gehörst an die Front.

Als Leutnant Glantz an Land ging, rief er in Gegenwart von vielen Soldaten:

Da geht der Feigling an Land.

Zum Fallreepsposten sagte er:

Wirf das Gewehr in den Bach, es hat ja doch keinen Zweck mehr.

In diesen Äußerungen liegt außer einer Beleidigung abermals eine Zersetzung der Wehrkraft nach § 5 Ziffer 2 KSSVO.

Die Angaben der Zeugen über den Trunkenheitsgrad des Angeklagten sind nicht ganz einheitlich. Nach der Aussage des Leutnant Glantz hatte der Angeklagte zwar stiere Augen, seine Sprache war aber klar, auch torkelte er nicht, konnte vielmehr eine steile Treppe ohne sich festzuhalten hinabgehen. Leutnant Glantz ließ ihn in eine Munitionskammer einsperren. Als er ihn nach etwa ¼ Stunde wieder aufsuchte, lag der Angeklagte fest schlafend am Boden und war nicht zu wecken. Nach der Aussage des Zeugen Schmitz hatte der Angeklagte ihn wegen des Geburtstages des Zeugen 10 Minuten vor dem ersten Befehl des Leutnants Glantz zu einem Schnaps eingeladen, ohne daß dem Zeugen eine besonders starke Trunkenheit aufgefallen wäre. Der Zeuge Kellner hat kein Urteil darüber, ob der Angeklagte an diesem Tag stärker betrunken war als am Vortage. Dem Signalobermaat Swiderski hatte der Angeklagte erzählt, er habe 4 Sack Zucker gestohlen, und war nicht zur Ruhe zu bringen. Dieser Zeuge meint auch, der Angeklagte sei so stark betrunken gewesen, daß er nicht gewußt habe, was er tat.

Unter diesen Umständen hat das Gericht eine Unzurechnungsfähigkeit des Angeklagten im Sinne des § 51 Absatz 1 Reichsstrafgesetzbuch nicht mit hinreichender Sicherheit ausschließen können, so daß der Angeklagte nicht wegen der Grundtaten bestraft werden kann. Er hat sich aber fahrlässig in diesen Zustand versetzt und ist daher nach § 330 a Reichsstrafgesetzbuch* zu bestrafen.

Wer in dieser Zeit der äußersten Anspannung und der höchsten Not des deutschen Volkes den Führer in solcher Weise beleidigt und *objektiv zersetzend wirkt*, der verliert jede Möglichkeit, daß seine Tat als ein minder schwerer Fall angesehen werden könnte. Persönliche Umstände können nicht berücksichtigt werden. Auch wenn der Angeklagte bisher ein ordentlicher Soldat gewesen ist und sich ähnliches nicht hat zuschulden kommen lassen, so ist doch die Tat in dieser Zeit objektiv so gefährlich, *daß sie nur mit dem Tode gesühnt werden* kann. Auch bei der nach § 330 a Reichsstrafgesetzbuch zu erkennenden Strafe war nach § 5 a Kriegssonderstrafrechtsverordnung über den ordentlichen Strafrahmen hinauszugehen. Insbesondere die Aufforderung an den Fallreepsposten, das Gewehr wegzuwerfen, da es ja doch keinen Zweck mehr habe, stellt in der gegenwärtigen Lage einen so schweren *Verstoß* gegen die Mannszucht dar, daß auch *diese Tat nur mit dem Tode* gesühnt werden kann, denn für die Wirkung nach außen kommt es nicht auf die Tatsache der Trunkenheit, sondern allein darauf an, daß ein Vorgesetzter eine solche Äußerung gegen Untergebene macht und damit den Geist vom November 1918 wachruft.

Die Nebenstrafen ergeben sich aus § 31 Militärstrafgesetzbuch und § 32 Reichsstrafgesetzbuch.

Dr. Ewald

* § 330 a des Reichsstrafgesetzbuchs lautete damals:

„Wer sich vorsätzlich oder fahrlässig durch den Genuß geistiger Getränke oder durch andere berauschende Mittel in einen die Zurechnungsfähigkeit (§ 51 Abs. 1) ausschließenden Rausch versetzt, wird mit Gefängnis oder mit Geldstrafe bestraft, wenn er in diesem Zustand eine mit Strafe bedrohte Handlung begeht.

Die Strafe darf jedoch nach Art und Maß nicht schwerer sein als die für die vorsätzliche Begehung der Handlung angedrohte Strafe.

Die Verfolgung tritt nur auf Antrag ein, wenn die begangene Handlung nur auf Antrag verfolgt wird."

Gericht des Admirals
der Kriegsmarinedienststelle Hamburg und
der Marinebordflakbrigade Nord

Hamburg, den 30. 4. 45

Bericht

Der Angeklagte ist wegen Zersetzung der Wehrkraft und wegen Vergehens gegen § 330 a Reichsstrafgesetzbuch zweimal zum Tode verurteilt. Er hat den Führer in der schwersten Weise beleidigt, behauptet, der Führer habe uns alle ins Unglück gestürzt, er werde mit ihm abrechnen. Mit erhobener Faust hat er öffentlich geschrien „Wir kämpfen nur noch für die Kommune". Außerdem hat er in Volltrunkenheit den Gehorsam verweigert, einen Offizier beleidigt und einen Posten aufgefordert, das Gewehr ins Wasser zuwerfen, da es doch keinen Zweck mehr habe.

Der Angeklagte ist sonst in ähnlicher Weise niemals hervorgetreten. Die Schwere der Taten im gegenwärtigen Augenblick (die Taten ereigneten sich am 19. und 20. 4. 45) erfordert aber unter Zurückstellung aller persönlichen Momente die Todesstrafe.

Der Leitende Richter
Dr. Ewald
Geschwaderrichter

Der Gerichtsherr
Admiral der Kriegsmarinedienststelle
Hamburg

Hamburg, den 1. 5. 45

Verfügung

1. Ich bestätige das Urteil.
2. Einen Gnadenerweis lehne ich ab.
3. Das Urteil ist *sofort* durch Erschießen zu vollstrecken.

Unterschrift
Konteradmiral

Deutsche Minenräumdienstleitung   Hamburg, den 3. April 1946
- R 1630/46 -

An
Marinegerichte – Auffangstelle
Flensburg-Mürwik

Betreff: Gnadengesuch GEBHARD

In der Gnadensache von Amtswegen hat der Chef der Deutschen Minenräumdienstleitung am 30. 3. 46 wie folgt, entschieden:
Soweit Gebhard wegen Zersetzung der Wehrkraft in Tateinheit mit Vorbereitung zum Hochverrat verurteilt worden ist, wird das Urteil aufgehoben und die Anklageverfügung insoweit zurückgenommen. Das Ermittlungsverfahren wird insoweit eingestellt.
Es bleibt folgendes Urteil übrig:
Der Angeklagte wird wegen Vergehens gegen § 330 a Reichsstrafgesetzbuch unter Freisprechung im übrigen zum Tode, zur Wehrunwürdigkeit und zum dauernden Ehrverlust verurteilt.
Das Todesurteil wird in eine Gefängnisstrafe von 2 Jahren unter Fortfall der Nebenstrafen umgewandelt. Vollstreckungsentscheidung ist mangels Unterlagen zur Zeit nicht möglich.
Untersuchungsakten folgen anbei zurück.
Das weiter Erforderliche ist von dort aus zu veranlassen.

Im Auftrage
Unterschrift

„Schade", dieses eine Wort bedeutete für die 30jährige Landwirtschaftshelferin Luise OTTEN am 25. Juli 1944 das Todesurteil. Sie hatte dieses Wort vier Tage zuvor, am Morgen des 21. Juli 1944, geäußert, als sie erfuhr, daß das Attentat auf Hitler mißlungen war. Küchendienstkolleginnen hatten den „Vorfall" dem Kompanieführer „unterbreitet", nämlich dem Chef der Landwehr-Helferinnen, zu denen Frau Otten eingezogen worden war. Ihre Einsatzbereitschaft für den „Frauenkreis" und ihre (vom Verteidiger behauptete) positive Einstellung zum Nationalsozialismus bei ihrer Ortsgruppe spiele – so ihre Richter – für die Beurteilung der Tat „überhaupt keine Rolle".

Hermann Göring als „Reichsmarschall des Großdeutschen Reiches" begnadigte Frau Otten zu zehn Jahren Zuchthaus, zu verbüßen bei der Reichsjustizverwaltung. Am 13. Mai 1945, wenige Tage nach der Kapitulation, wurde die „Angeklagte" entlassen.

Feldgericht des Kommandeurs
der 2. Jagddivision
K. St.L. 426/44B

Feldurteil
Im Namen des Deutschen Volkes!

In der Strafsache gegen
die Landwirtschaftshelferin Luise O t t e n,
7./ Landwehr-Flugmelde-Regiment 101
seit 21. 7. 44 in Untersuchungs-Haft im Frauengefängnis in Bremen
geboren am 13. 8. 1913 in Paderborn
wegen Zersetzung der Wehrkraft
hat das am 25. Juli 1944 in Bremen
zusammengetretene Feldgericht,
an dem teilgenommen haben
als Richter:
    Kriegsgerichtsrat der Landwehr Dr. Struck, als Verhandlungsleiter,
als Beisitzer:
    Major Graf, I. Landwehr-Regiment 202,
    Obergefreiter Rodewald, II. Landwehr-Flugmelde-Regiment 101,
als Vertreter der Anklage:
    Kriegsgerichtsrat der Landwehr Krapp,
als verpflichtete Urkundsperson:
    Unteroffizier Löhr,
für Recht erkannt:
    Die Angeklagte wird wegen Zersetzung der Wehrkraft *zum Tode*
verurteilt. Gleichzeitig werden der Angeklagten die bürgerlichen Ehrenrechte auf Lebenszeit aberkannt.

Gründe

    Die Angeklagte ist 30 Jahre alt. Sie ist die Tochter eines Polizei-
wachtmeisters in Bremen. Ihr Bekenntnis ist evangelisch. Nach dem
Besuch der Schule war die Angeklagte als Hausgehilfin tätig, bis sie im
Jahre 1932 einen Maschinisten heiratete. Die Ehe, aus der ein jetzt 11
Jahre alter Sohn stammt, ist im Sommer 1942 geschieden und die Angeklagte für schuldig erklärt worden. Nachdem die Angeklagte zwei
Jahre lang als Straßenbahnschaffnerin tätig war, wurde sie am 1. 11. 42
als Landwehr-Helferin eingezogen. Zu ihrer Einheit gehört sie seit dem
1. 8. 43. Sie führt dort die Küche. Die Angeklagte ist Mitglied des Frau-
enwerks.
    Die Angeklagte ist weder gerichtlich noch disziplinar bestraft. Seit
dem 21. 7. 44 befindet sie sich in Untersuchungshaft. In ihrem Dienst

hat sich die Angeklagte bewährt. Sie hat sich stets als fleißig, als sauber und auch als kameradschaftlich gezeigt. Mit ihren Kameradinnen steht sie sich durchweg gut.

II.

In der Hauptverhandlung ist auf Grund der glaubhaften, uneidlichen Bekundungen der Zeugen Landwehr-Oberhelferin de Vegt, der Landwehr-Helferinnen Windhorst, Wagner, Büscher, Lorenz, Böcherer und Harras, der Reichsangestellten Lübbe sowie des Feldwebels Ketels und des Obergefreiten Menge in Verbindung mit den eigenen Angaben der Angeklagten folgender Sachverhalt festgestellt worden:

Am Vormittag des 21. 7. 44 hatten die Zeuginnen Wagner und Windhorst Küchendienst. Als die Zeugin Lübbe gegen 8 Uhr erschien, kam das Gespräch alsbald auf den auf den Führer verübten Anschlag. Die Helferinnen hofften von Frau Lübbe, die nicht bei der Einheit untergebracht ist, noch etwas Neues zu erfahren.

Die Angeklagte stand dabei auf dem Herd und reinigte die Fliesen. Frau Lübbe stand dicht dabei an einem Tisch, die beiden Zeuginnen Wagner und Windhorst in gleichfalls geringer Entfernung an einem anderen Tisch und beschäftigten sich mit Gemüseputzen. Neues wußte Frau Lübbe nicht zu erzählen. Sie brachte aber zum Ausdruck, wie unausdenkbar es gewesen wäre, wenn das Attentat auf den Führer geglückt wäre.

Darauf sagte die Angeklagte: „Schade" und gab dem Sinne nach zum Ausdruck, daß sie bedauerte, daß der Anschlag mißglückt sei, denn dann hätten wir Frieden bekommen. Wenn sie Offizier gewesen wäre, wäre sie auch dabei gewesen. Die Zeugin Windhorst sagte darauf, es sei sehr fraglich, ob wir denn Frieden bekommen würden. Frau Lübbe warnte die Angeklagte und erklärte, sie solle mit ihren Äußerungen vorsichtig sein. Darauf entgegnete die Angeklagte, sie sei doch nicht feige, und meinte, diejenigen, die das getan hätten, seien auch keine schlechten Menschen und in ihrem Sinne Freiheitskämpfer. Auf die weitere Warnung der Zeugin Lübbe, sie solle an ihr Kind denken, entgegnete die Angeklagte nichts.

Die Angeklagte wurde sodann aus der Küche herausgerufen. Die Zeuginnen Windhorst und Wagner begaben sich alsbald auf den Hof, um dort Kartoffeln zu schälen. Dort erzählte die Zeugin Windhorst die Äußerungen der Helferin Harras. Diese machte der Einsatzgruppenführerin, der Zeugin de Vegt, kurze Zeit darauf Mitteilung. Die Zeugin de Vegt meldete den Vorfall der Kafü, der Zeugin Jensen. Durch sie wurde der Sachverhalt dem Kompanieführer Hauptmann Köster unterbreitet.

III.

Die Angeklagte bestreitet den Sachverhalt. Sie gibt zu, das Wort „Schade" gebraucht zu haben, und zwar sowohl am Abend vorher, als sie erstmalig von dem Anschlag gehört habe, als auch bei dem Gespräch mit der Zeugin Lübbe. Sie gibt an, bei dem Gespräch mit Frau Lübbe habe sie gesagt: „Wenn etwas geschehen wäre, wäre vielleicht eine Umwälzung gekommen, vom menschlichen Standpunkt aus könne sie verstehen, daß es immer Menschen geben wird, die danach trachten werden, eine Führung zu beseitigen." Sie will weiter gesagt haben, „die Betreffenden hielten sich für Freiheitshelden." Wenn sie anders verstanden worden wäre, so sei sie mißverstanden worden.

Diese Einlassung der Angeklagten ist durch die Beweisaufnahme widerlegt worden. Nicht nur die beiden Kameradinnen der Angeklagten, die Zeuginnen Windhorst und Wagner, haben eindeutig bekundet, daß der Sinn der Äußerungen der Angeklagten anders gewesen ist, auch die Zeugin Lübbe bestätigt diese Zeugenbekundungen. Die Aussage der Frau Lübbe hat deshalb besonderes Gewicht, weil diese Zeugin bei ihrer Aussage offensichtlich bestrebt war, die Angeklagte zu schonen. Trotzdem hat sie auf Vorhalt eindeutig angeben müssen, daß der Sinn der Worte der war, daß die Angeklagte ihrem Bedauern Ausdruck gab, daß das Attentat mißglückt sei. Zwar hat sich der genaue Wortlaut der Äußerungen nicht mehr feststellen lassen, der Sinn der von der Angeklagten gemachten Äußerung ist aber eindeutig erwiesen. Das Feldkriegsgericht hatte nicht die geringsten Bedenken, den übereinstimmenden Äußerungen der drei Zeuginnen zu glauben. Von diesen Zeuginnen ist keine mit der Angeklagten auch irgendwie verfeindet. Die Glaubwürdigkeit der Bekundungen wird auch nicht dadurch erschüttert, weil die Zeuginnen nicht sofort zu ihren Vorgesetzten gegangen sind und eine Meldung erstattet haben. Es ist gerichtsbekannt, daß Mädchen eine solche Meldung sehr oft unterlassen. Gestützt ist die Überzeugung des Feldkriegsgerichts durch das ganze Verhalten der Angeklagten. Wenn die Angeklagte nur das gesagt hätte, was sie angibt, dann mußte sie auf die Warnung der Zeugin Lübbe erkennen, daß sie mißverstanden war. Dann würde sie dieses Mißverständnis sofort zu klären versucht haben und nicht entgegnet haben, „sie sei doch nicht feige".

Der Angeklagten ist trotz ihrer angeblichen positiven nationalsozialistischen Einstellung die Tat zuzutrauen. Sie hat sich schon vor einiger Zeit in einer Weise zu Kameradinnen geäußert, die für ihre Einstellung bedenklich ist. Sie hat bei einem Gespräch, bei dem das Schicksal der Bevölkerung der Ukraine bedauert wurde, ohne ersichtlichen Anlaß sich gegen diese Einstellung gewendet und gesagt, die deutsche Wehrmacht habe in Polen die Juden ähnlich behandelt. Die Angeklagte will zwar bei diesem Gespräch auch mißverstanden worden sein. Auf Grund der Bekundungen der Zeuginnen Harras und Büscher hat das Feldkriegsgericht jedoch keinen Zweifel, daß diese Äußerungen auch so gefallen sind, wie die Zeuginnen angaben. Denn nicht allein die Zeugin Harras, die sich mit der Angeklagten nicht gut steht, hat diese

Bekundung eindeutig gemacht, auch die Zeugin Büscher hat dasselbe bekundet, ohne daß die Angeklagte behaupten könne, die Zeuginnen machten ihre Aussage, um sie in ein falsches Licht zu setzen.

IV.

Die Angeklagte hat nach dem festgestellten Sachverhalt Zersetzung der Wehrmacht (sic!) begangen. Sie hat öffentlich den Willen des deutschen Volkes zur wehrhaften Selbstbehauptung zu zersetzen gesucht. Die Angeklagte ist, wie die Hauptverhandlung ergeben hat, intelligent. Sie hat die Bedeutung und Wirkung ihrer Äußerungen erkannt und sie trotzdem getan. Die Äußerungen sind öffentlich erfolgt, denn sie sind sofort einem großen Kreis bekannt geworden und dadurch in die Öffentlichkeit gedrungen.

Die Angeklagte war hiernach wegen Zersetzung der Wehrkraft aus § 5 der Kriegssonderstrafrechtsverordnung zu bestrafen.

V.

Bei der Frage, welche Strafe für die Tat erforderlich sei, spielte die Schutzbehauptung der Verteidigung, die Angeklagte sei bei ihrer Ortsgruppe für die positive Einstellung zum Nationalsozialismus bekannt, überhaupt keine Rolle. Die Angeklagte mag sich, solange sie im Dienst des Frauenkreises tätig war, noch so sehr eingesetzt haben, für die jetzt von der Angeklagten begangene Tat ist dieses frühere Verhalten der Angeklagten ohne Bedeutung. Die Zersetzung der Wehrkraft wird nach dem Gesetz mit dem Tode bestraft. Von der Todesstrafe kann nur dann Abstand genommen werden, wenn es sich um einen sogenannten minder schweren Fall handelt. Diese Frage muß verneint werden. Die Äußerungen sind zu einer Zeit gefallen, in der das einmütige Bekenntnis zum Führer und der Abscheu über das an dem Führer begangene Verbrechen so selbstverständlich sind, daß es darüber keiner Worte bedarf. Wer in diesem Augenblick nicht nur Zweifel an seiner Gesinnung aufkommen läßt, sondern, wie die Angeklagte es getan hat, sich zu den Verbrechern bekennt, die dem Führer nach dem Leben getrachtet haben, muß ausgemerzt werden. Für ein solches Verbrechen gibt es nur die Todesstrafe. Demgemäß hat das Feldkriegsgericht gegen die Angeklagte erkannt. Es erschien dem Feldkriegsgericht als selbstverständlich, der Angeklagten gemäß § 32 Reichsstrafgesetzbuch die bürgerlichen Ehrenrechte auf Lebenszeit abzusprechen.

Dr. Struck
Kriegsgerichtsrat
der Landwehr

Der Reichsmarschall des Hauptquartier, den 25. 9. 44
Großdeutschen Reiches Tel. 0 12 00 44
M.St.L. 2683/44 (Best.) LR 2 I

In der Strafsache gegen
die Landwehr-Helferin Luise Otten
7./ Landwehr-Flugmelde-Regiment 101
in Bassum Bezirk Bremen
wegen Zersetzung der Wehrkraft

bestätige ich das Feldurteil des Feldkriegsgerichtes des
Kommandeurs der 2. Jagddivision vom 25. 7. 44.

Im Gnadenwege wandle ich die Todesstrafe in eine Zuchthausstrafe
von 10 Jahren um. Der Verlust der bürgerlichen Ehrenrechte wird gnadenweise auf 10 Jahre herabgesetzt.
Die Zuchthausstrafe ist zu vollstrecken. Zu diesem Zwecke ist die
Verurteilte der Reichsjustizverwaltung zu übergeben.

Göring

Die Angeklagte (inzwischen verheiratete Röhrs) ist am 13. Mai 1945
aus der Haft entlassen worden.

III. Anhang

1. Ablehnung des Gnadengesuches der Mutter HORN für den jüngsten Sohn ihrer 15 Kinder

Rechtsanwalt
Dr. KARL POSTL sen.
VERTEIDIGER in STRAFSACHEN
WIEN, VII., Mariahilferstr. 38-40
Ruf B 34-4-25

An das
Gericht der 177. Division
<u>Wien, I.</u>
Hohenstaufengasse 3

Eingangsstempel
28. November 1944

III K.Stl.L. 59/44
<u>Strafs. früheren Grenadier Gustaf H o r n</u>
<u>Gegenstand</u>: Gnadengesuch der Mutter Josefine Horn

Die Mutter des von diesem Gericht zum Tode verurteilten früheren Grenadiers Gustav H o r n hat sich jetzt an den Gefertigten mit dem Ersuchen gewendet, ihre Gnadenbitte für ihren Sohn an die zuständige Gnadenstelle weiterzuleiten. Der Gefertigte vermeinte, diesem Ersuchen einer Mutter hier umsomehr entsprechen zu sollen, als es sich bei der um Gnade für ihren Sohn bittenden Mutter um eine Mutter von 15 Kindern handelt, von denen sie 6 Söhne ins Feld gestellt hat. Sie selbst ist mit dem Goldenen Mutterkreuz ausgezeichnet und steht auch heute noch freiwillig als Rote Kreuz Schwester hilfreich zur Hand.

Von den Söhnen, die die Bittstellerin im Felde hatte, stand auch der 22jährige Sohn Gustav in der vordersten Linie im Feindeinsatz im Osten. Ein Sohn, Richard, ist mit 18 Jahren in amerikanische Kriegsgefangenschaft geraten, der jüngste Sohn, der 16jährige Otto, steht draußen im Schutzwallbau. Der Sohn Arnold wurde als Stalingradkämpfer mit dem EK I und II ausgezeichnet und verlor kurz vor dem Rückzug bei Stalingrad beide Füße, nachdem er schon vorher 3 Jahre im Einsatz stand. Von einem Sohn fehlt seit 6 Monaten jede Nachricht, er dürfte wohl auch gefallen oder in Kriegsgefangenschaft geraten sein.

Der Sohn Gustav, um dessen Leben die Mutter hier bittet, war bis nun zivil- und militärgerichtlich vollkommen unbescholten. Wie schon vorher angeführt, stand auch er im Feindeinsatz und wurde dreimal verwundet, darunter schwer durch Bauchschuß und eine schwere Quetschung der rechten Schulter. Überdies hat er ein schweres Magenleiden aus dem Einsatz davongetragen. Er trägt das Verwundetenabzeichen. Er ist als am 1. VIII. 1922 geboren zur Zeit der gegenständlichen Tat 21 Jahre alt gewesen, befand sich sohin noch in einem jugendlichen Alter mit der diesem Alter innewohnenden Unerfahrenheit und aus der Unerfahrenheit heraus Unüberlegtheit. Es hat sich bei diesem jungen Menschen zweifellos um eine Verleitung durch Ältere gehandelt, unter deren bösem Beispiel er eine kurze Urlaubsverlängerung erreichen wollte, ohne aber die Absicht, sich etwa für längere Zeit oder für ganz seiner Wehrdienstpflicht trotz seiner schweren Verwundungen zu entziehen.

Ein Soldat, der bis nun seine Pflicht erfüllt und dem Vaterlande unter schweren Opfern seinen Dienst geleistet hat, hat wohl auf der anderen Seite nach dem Vermeinen des Gefertigten einen sich aus der Natur der Sache ergebenden Anspruch auf Entgegenkommen auch des Vaterlandes ihm gegenüber.

Aus diesen zusammenfallenden Gründen des vorliegenden Falles bittet sohin die ohnehin schon schwer kriegsgeprüfte Mutter um Gnade für ihren Sohn, der in der anklagegegenständlichen Tat zum ersten Male und nach seinem ganzen Vorleben wohl auch einmalig mit dem Gesetz in Konflikt geraten ist, ausgelöst und bedingt durch die vergiftete Atmosphäre, in die er damals geraten ist. Der Gefertigte stellt sohin namens der Mutter die *Bitte* um gnadenweise Abänderung der über Gustav H o r n ausgesprochenen Todesstrafe in eine angemessene zeitliche Zuchthausstrafe, um ihm hierdurch auch gleichzeitig die Möglichkeit zu geben, die Schuld, die er erstmalig in seinem Leben auf sich geladen hat, eventuell in einer anständigeren und eines deutschen Soldaten würdigeren Weise abzutragen und zu sühnen als im Wege einer Todesstrafe, insbesondere auch unter Bedacht auf das noch junge Leben, um das es sich hier handelt und dem vorzeitig im Hinterland ein Ende bereitet werden soll und das er ehedem so oft und solange draußen vor dem Feind preisgegeben hat. Dieser Gnadenbitte der Mutter schließt sich auch der Bruder Arnold Horn an, als unter Verlust beider Füße vor Stalingrad schwer Kriegsversehrter, der sohin auch wohl ein gewisses Anrecht hat auf Erhörung seiner für den Bruder gestellten Bitte.

RA Karl Postl sen.*

* Photokopie abgedruckt im Standardwerk Wüllners (vgl. Anmerkung S. 10), S. 614 f. Das Gesuch wurde abgelehnt und Gustav HORN am 7. Februar 1945 hingerichtet. Siehe dazu den Massenhinrichtungsbericht auf der nächsten Seite.

2. Protokoll der öffentlichen Erschießung von vierzehn Opfern eines NS-Kriegsgerichts[*]

Gericht der Division Nr. 177
Wien 1, Hohenstauffengasse Nr. 3
U-27-5-20 bis 29

St.L. III 78/44
St.L. III 59/44
St.L. III 86/44

Wien, den 7. Feber 1945

NIEDERSCHRIFT

über den Vollzug der Todesstrafe an:

1.) Grenadier Gustav Horn,[**]
2.) Gefreiter Karl Lauterbach,
3.) Kraftfahrer Adolf Stedry,
4.) Gefreiter Erwin Leitzinger,
5.) Karl Schartner,
6.) Friedrich Lehninger,
7.) Obergrenadier Erich Salda,
8.) Pz.Grenadier Rudofl Sobotka,
9.) Gefreiter Kurt Verderber,
10.) Alexander Mensik,
11.) Otto Melcher,
12.) Franz Charwat,
13.) Obergefreiter Karl Strnad und
14.) Obergefreiter Johann Winhofer.

Anwesend waren:
1.) Oberfeldrichter Everts, als Leiter der Vollstreckung,
2.) Heeres-Justiz-Oberinspektor Pflanzer, als Urk. Beamter der Gesch.Ste.,
3.) Major Weddige, Kommandeur des Wehrmacht-Untersuchungsgefängnis X,
4.) Hauptmann Walther, vom selben Wehrmacht-Untersuchungsgefängnis, dessen Vertreter,
5.) Standortarzt Oberfeldarzt Dr. Hummer,

[*] Wüllner a.a.O. S. 612.
[**] Siehe dazu das auf den voranstehenden Seiten abgedruckte Gnadengesuch der Mutter Horn.

6.) SS Unterf.* M ü h l e i s e n, Kommandeur der Sicherheitspolizei Wien,

7.) Kriminaloberassistent F i t z n e r, von der Krim.Polizei Wien,

8.) Kriminalsekretär T u s c h e k, dto.,

9.) Kreisleiter der NSDAP B e l k h o f e r, Kreis Wien-Floridsdorf in Vertretung des Gauleiters.

Ferner waren angetreten:

a) das Exekutionskommando in der Stärke von 7 Offizieren und 70 Mann und zwar je 1 Offizier und je 10 Mann:

1.) Wachtruppe Wien,

2.) Grenadier-Ersatz und Ausbildungs-Bataillon Hoch und Deutschm.Strebersdorf,

3.) Aufkl.Ers. und Ausb.Abt. 11 Wien,

4.) Sanitäts Ers. und Ausb.Abt. 17 Wien,

5.) Nachrichten Ers. und Ausb.Abt. 17 Wien,

6.) Verwaltungs Truppen Ers. und Ausb.Abt. 3 Wien,

7.) Ers. und Ausb. Btl. 287 (M) Wien-Kaiserebersdorf.

b) Als Zuschauer waren gestellt:

1.) vom Gren.Ers.u.Ausb.Btl.Hoch und Deutschmeister Wien-Strebersdorf – ein Offizier und 30 Mann,

2.) von der 4./San.Ers.und Ausb.Abt. 17 – ein Offizier und 60 Mann,

3.) von der Nachrichten Ers.und Ausb.Abt. 17 Wien – ein Offizier und 30 Mann,

4.) von der 5./1.Bäckerei Ausb.Kp. – 1 Uffz. und 10 Mann,

5.) vom Ers.und Ausb.Btl. 287 (M) – ein Offizier und 33 Mann.

Zugegen waren ferner die im ersten Protokoll namentlich angeführten drei Standort- bzw. Wehrmachtpfarrer.

Die Verurteilten wurden in zwei Partien zu je 7 Mann um 7 Uhr, bzw. 7 Uhr 15 Min. früh füsiliert. Vorher gab der Leiter der Vollstreckung den Verurteilten die Urteilsformel und Bestätigungsverfügung nochmals bekannt, nachdem er zuvor an die angetretenen Soldaten eine kurze Ansprache mit der Bekanntgabe über die Art des Verbrechens der Verurteilten gehalten hatte.

Der Sanitätsoffizier stellte den eingetretenen Tod sämtlicher vierzehn Angeklagten fest.

Die 14 Leichen wurden von Uff. Hammer (Standortarzt Wien) übernommen und mit Sanitätswagen an die Prosektur des Res.Laz. I a abtransportiert.

14 Leichenbestattungsscheine wurden dem genannten Uffz. ebenfalls ausgefolgt.

Unterschrift
Oberfeldrichter

Unterschrift
Heeres-Justiz-Oberinspektor Urk.Beamter der Geschäftsstelle

* Unterführer gab es bei der SS nicht; muß wohl „Oberführer" heißen.

3. Abschiedsbrief des Marine-Funkers Alfred GAIL
an seine Braut
Gail ist zwei Tage nach der Gesamtkapitulation der
Hitler-Wehrmacht als wegen „Fahnenflucht" verurteilter
Marinefunker am 10. Mai 1945 füsiliert worden

Geltinger Bucht, an Bord „Buea", den 9. Mai 1945.

Meine innigstgeliebte kleine Lilo!

Ein paar liebe Zeilen möchte ich Dir jetzt noch als letzte Grüße schreiben, wenn Du sie erhältst, bin ich schon nicht mehr auf dieser Welt, denn ich bin mit dem heutigen Tage zum Tode verurteilt worden. Warum und wieso kannst Du von meiner Mutter erfahren. Kurz will ich Dir einige Stichworte geben: Ich bin, nachdem Waffenruhe eingetreten war, mit zwei Kameraden von meiner Truppe gegangen, um einer Gefangennahme durch den Tommy zu entgehen. Wir wurden dann von 20 Dänen, die schwer bewaffnet waren, überfallen und zurückgebracht. Das war in Svendborg auf Fünen gewesen. Heute hat man uns nun vor ein Kriegsgericht gestellt und zum Tode verurteilt. Ja, meine liebste Lilo, nun heißt es für mich bald sterben. Ich hatte es mir immer schlimmer vorgestellt zu wissen, daß es bald aus ist mit dem Leben, aber ich muß sagen, ich bin ganz ruhig und gefaßt, und ebenso werde ich auch zu sterben wissen. Nun ist alles vorbei, und ich hatte es mir einmal so schön mit Dir vorgestellt. Ein paar Ringe hatte ich schon besorgt, die schicke ich Dir mit diesem Briefe mit. Wenn Du sie einmal verwenden kannst, so tue es bitte, denn sie waren ja für Dich bestimmt. Trauere bitte nicht um mich, sondern suche Dir einen anderen Mann, so wie ich es Dir schon oft geschrieben habe. Ich habe Dich wirklich und ehrlich geliebt, als einziges Mädel auf dieser Welt. Aber Du bist ja noch jung und wirst noch Männer genug finden, soweit sie aus diesem Kriege zurückkehren. Ich zähle mich ja nun zu den letzten Opfern dieses Krieges, auch umsonst und sinnlos wie alle anderen Opfer.

Sei nun zum allerletzten Male auf das innigste gegrüßt und ganz lieb geküßt von Deinem Dich innig liebenden Alfred.

Für Deine weitere Zukunft wünsche ich Dir das Allerbeste, ebenso Deinen lieben Eltern und Utchen, und auch sie grüße ich zum letzten Male aufs allerherzlichste.

Kelchingerbricht, an Bord „Brea", den 9. 5. 45

Meine innigstgeliebte kleine Hilo.

Ein paar liebe Zeilen möchte ich Dir jetzt noch als letzte Grüsse schreiben, wenn du sie erhältst bin ich schon nicht mehr auf dieser Welt, denn ich bin mit dem heutigen Tage zum Tode verurteilt worden. ~~Warum und wieso kannst t~~ meiner Mutter erfahren. Kurz will ich Dir einige Stichworte geben, ich bin nachdem Waffenruhe eingetreten war mit 12 Kameraden von meiner Truppe gegangen um einer Gefangennahme durch den Tommy zu entgehen. Wir wurden dann von 20 Dänen die schwer bewaffnet waren überfallen und zurück

...bracht. Das war in Sonderburg auf Fünen gewesen. Heute hat man uns eben vor ein Kriegsgericht gestellt und zum Tode verurteilt. Ja meine liebste Lilo nun heisst es für mich bald sterben. Ich habe es mir immer schlimm vorgestellt zu wissen dass es bald aus ist mit dem Leben, aber ich muss sagen ich bin ganz ruhig und gefasst, und ebenso werde ich auch zu sterben wissen. Nun ist alles vorbei und ich hatte es mir einmal so schön mit dir vorgestellt. Ein paar Ringe hatte ich schon besorgt, die schicke ich dir mit diesem Briefe mit.

Wenn Du sie einmal verwenden
kannst, so tue es bitte denn sie
waren ja für Dich bestimmt.
Traure bitte nicht um mich,
sondern suche Dir einen anderen
Mann so wie ich es Dir schon oft
geschrieben habe. Ich habe Dich
wirklich und ehrlich geliebt, als
einziges Mädel auf dieser Welt.
Aber Du bist ja noch jung, Du
wirst noch Männer genug finden
soweit sie aus diesem Krieg zurück
kehren. Ich zähle mich ja nun
zu den letzten Opfern dieses
Krieges, umsonst und sinnlos
wie alle anderen Opfer.

Sei mir zum allerletzten Male
aufs innigste gegrüsst und
ganz lieb geküsst von Deinem
Dich innig liebenden

Alfred.

Für Deine weitere Zukunft
wünsche ich Dir das allerbeste,
ebenso Deinen lieben Eltern und
Mütchen, und auch sie grüsse ich
zum letzten Male aufs allerherzlichste.

Dieser herzzerreißende Abschiedsbrief des 20jährigen Marine-Funkers ist das Ende eines besonders widerwärtigen und sinnlosen Militärjustizverbrechens. NS-Militärrichter begingen dieses Verbrechen noch Stunden nach der Gesamtkapitulation der Hitlerwehrmacht (9. Mai 0.16 Uhr). Sie fällten am Vormittag des 9. Mai 1945 auf einem Marinebegleitschiff ein Todesurteil wegen „Fahnenflucht".

Die Namen der Richter:

Stabsrichter Adolf Holzwig – geboren 1912 als Sohn eines Zeichenlehrers in Pasewalk – als Vorsitzender,

die beiden Beisitzer

Oberstabsarzt Dr. Hans Gerhard Busch – geboren 1914 als Sohn eines Arztes in Berlin Spandau – und
Marine-Hauptgefreiter Heinz Faustmann – geboren 1920 als Sohn eines Steinsetzers in Unruhstadt, Regierungsbezirk Frankfurt an der Oder.

Den Befehl dieser letzten Kriegsverhandlung eines NS-Marinegerichts, zu dem man übrigens nicht einmal einen Verteidiger hinzugezogen hatte, hatte der Kapitän zur See und Commodore Rudolf Petersen – geboren 1905 als Sohn eines Pastors in Atzerballig auf Alsen – gegeben, der dann als Gerichtsherr das Todesurteil auch bestätigte und seine Vollstreckung befahl. Die Vollstreckung fand fast zwei Tage nach der Kapitulation, nämlich am Himmelfahrtstag, dem 10. Mai 1945, Nachmittag, durch Erschießen statt, und zwar an Bord eines Schiffes. Die insgesamt drei Todeskandidaten wurden, nachdem sie aneinandergebunden und ihnen die Augen verbunden worden waren, durch eine Salve erschossen; ihre Leichen wurden im Meer versenkt.

Das NS-Kriegsgerichtsurteil selbst ist nicht mehr vorhanden, aber ein 121 Schreibmaschinenseiten langes rechtskräftiges Urteil des Schwurgerichts Hamburg vom 27. Februar 1953 ([50]15/52) schildert den Fall sehr ausführlich. Die drei NS-Kriegsrichter und der Gerichtsherr Petersen wurden freigesprochen. Die Begründung dieses freisprechenden Urteils ist für einen normalen Verstand nicht nachvollziehbar, paßt aber zu den bundesdeutschen Gerichtspraktiken der damaligen Zeit, in der bekanntlich kein Richter des Volksgerichtshofs, eines Sondergerichts oder eines Militärgerichts verurteilt worden ist.[*]

Marine-Funker Alfred Gail, geboren 8. 2. 1925,
hingerichtet am 10.5.1945

[*] Dieser höchst skandalöse NS-Marinegerichtsfall noch nach Schluß des Hitlerkrieges ist wiederholt Gegenstand von einschlägigen Militärjustizpublikationen geworden, zum Beispiel: KAMMLER, Jörg: *Ich habe die Metzelei satt und laufe über ... Kasseler Soldaten zwischen Verweigerung und Widerstand.* Fuldabrück: Verlag Hesse 1997[3].

PARDO, Herbert/SCHIFFNER, Siegfried: *Der Prozeß Petersen vor dem Schwurgericht in Hamburg, Verbrechen gegen die Menschlichkeit.* Hamburg: Verlag Auerdruck 1948.

4. Militärstrafgesetze

Das erste deutsche Militärstrafgesetzbuch wurde bereits zwei Jahre nach der Gründung des Deutschen Reichs (18. Januar 1871) verkündet; es stammt vom 1. Oktober 1872. Nach dem Ersten Weltkrieg (1914 bis 1918) wurde die deutsche Militärgerichtsbarkeit abgeschafft, Hitler führte sie im Rahmen der Vorbereitung seines Angriffskrieges aber bereits wenige Wochen nach seiner sogenannten Machtergreifung (30. Januar 1933), nämlich am 12. Mai 1933, wieder ein. Am 5. September 1936 schuf er das Reichskriegsgericht als oberste militärgerichtliche Instanz.

Nach der Einführung der Wehrpflicht wurde am 16. Juli 1935 das alte Militärstrafgesetzbuch von 1872 den „neuen Erfordernissen" angepaßt und nach Beginn des Angriffskriegs (1. September 1939) am 10. Oktober 1940 in zahlreichen Punkten verschärft.

Sechs Tage vor seinem Überfall auf Polen, nämlich am 26. August 1939, verschärfte Hitler das Militärstrafrecht erneut durch die „Verordnung über das Sonderstrafrecht im Kriege und bei besonderem Einsatz". Dieses „Sonderstrafrecht" wurde von Hitler nach der Katastrophe von Stalingrad (Januar 1943) am 31. März 1943 durch besonders barbarische, in der deutschen Gesetzgebung einmalige Bestimmungen weiter brutalisiert; in § 5 a zum Beispiel wurden die Kriegsgerichte ermächtigt, den „regelmäßigen Strafrahmen" in bestimmten Fällen bis zur Todesstrafe zu überschreiten; damit waren die Angeklagten völlig der Laune und Willkür der Kriegsrichter ausgeliefert, deren „Recht"sprechung letzten Endes der militärische Gerichtsherr bestimmte.

Im Folgenden werden die wichtigsten Paragraphen des Militärstrafgesetzes wiedergegeben:

a) Aus dem Militärstrafgesetzbuch
vom 10. Oktober 1940 (RGBl. I 1940, S. 1348)

§ 4. Wehrmachtangehörige. Unter Wehrmachtangehörigen sind im Sinne des Militärstrafgesetzbuchs die Soldaten und Wehrmachtbeamten zu verstehen.

Im Felde

§ 9. Die in diesem Gesetz für strafbare Handlungen im Felde gegebenen Vorschriften (Kriegsgesetze) gelten:

1. für die Dauer des mobilen Zustands der Wehrmacht oder einzelner ihrer Teile;
2. (weggefallen);
3. für die Truppen, denen bei einem Aufruhr, einer Meuterei oder einem kriegerischen Unternehmen der befehligende Offizier dienstlich bekanntgemacht hat, daß die Kriegsgesetze für sie in Kraft treten, für die Dauer dieser Zustände;
4. für die Kriegsgefangenen, denen der höchste an ihrem Aufenthaltsort befehligende Offizier dienstlich bekanntgemacht hat, daß die Kriegsgesetze für sie in Kraft treten.

§ 10. Die Wehrmachtangehörigen sind im Falle des § 9 Nr. 1 vom Tage ihrer Mobilmachung bis zu ihrer Demobilmachung den Kriegsgesetzen unterworfen.

§ 14. Die Strafarten. (1) Die Strafarten dieses Gesetzes sind Todesstrafe, Zuchthaus, Freiheitsstrafen und die militärischen Ehrenstrafen.

(2) Für diese Strafarten gelten die folgenden Vorschriften und, soweit diese nicht entgegenstehen, die Bestimmungen des Deutschen Strafgesetzbuchs.

Arten der Freiheitsstrafen

§ 16. (1) Freiheitsstrafe im Sinne dieses Gesetzes ist Gefängnis, Festungshaft oder Arrest.

(2) Der Höchstbetrag der Freiheitsstrafe ist fünfzehn Jahre, ihr Mindestbetrag ein Tag.

§ 17. (1) Die Freiheitsstrafe ist, wenn ihre Dauer mehr als sechs Wochen beträgt, Gefängnis oder Festungshaft, bei kürzerer Dauer Arrest.

(2) Ist eine angedrohte Zuchthausstrafe auf eine kürzere als einjährige Dauer zu ermäßigen, so tritt an ihre Stelle Gefängnis von gleicher Dauer.

Arrest

§ 19. Der Arrest zerfällt in Stubenarrest, gelinden Arrest und geschärften Arrest.

§ 21. Ist in diesem Gesetz Freiheitsstrafe angedroht, so sind darunter, je nach der Zeitdauer des Strafmaßes, Gefängnis, Festungshaft und Arrest als wahlweise angedroht zu erachten.

§ 24. Der gelinde und der geschärfte Arrest werden in Einzelhaft verbüßt.

§ 25. Der geschärfte Arrest wird in der Art vollstreckt, daß der Verurteilte eine harte Lagerstätte und als Nahrung Wasser und Brot erhält. Diese Schärfungen kommen am vierten und demnächst an jedem dritten Tage in Fortfall.

§ 30. **Die militärischen Ehrenstrafen.** Die militärischen Ehrenstrafen gegen Soldaten und Wehrmachtbeamte sind:
1. Verlust der Wehrwürdigkeit,
2. Dienstentlassung, an deren Stelle bei Verurteilung von Soldaten im Felde Rangverlust tritt.

§ 31. **Verhängung des Verlustes der Wehrwürdigkeit.** Auf Verlust der Wehrwürdigkeit muß erkannt werden neben:
1. Veurteilung zum Tode oder zu Zuchthaus,
2. Anordnung der Sicherungsverwahrung gegen einen gefährlichen Gewohnheitsverbrecher,
3. Anordnung der Entmannung gegen einen gefährlichen Sittlichkeitsverbrecher.

§ 32. **Die Folgen des Verlustes der Wehrwürdigkeit.** Der Verlust der Wehrwürdigkeit hat von Rechts wegen zur Folge
1. das Ausscheiden aus jedem Wehrdienstverhältnis und aus dem Wehrmachtbeamtenverhältnis,
2. den Verlust jedes militärischen Ranges,
3. den Verlust der Dienst- oder Amtsbezeichnung und des Rechts, einen im Zusammenhang mit dem Amt verliehenen Titel zu führen,
4. den Verlust des Rechts zum Tragen einer Uniform der Wehrmacht,
5. den Verlust der Orden und Ehrenzeichen und der Fähigkeit, sie zu erwerben,
6. den Verlust der Ansprüche auf Dienstbezüge, Fürsorge und Versorgung,
7. die Unfähigkeit zum Wiedereintritt in die Wehrmacht.

Teilnahme

§ 47. (1) Wird durch die Ausführung eines Befehls in Dienstsachen ein Strafgesetz verletzt, so ist dafür der befehlende Vorgesetzte allein verantwortlich. Es trifft jedoch den gehorchenden Untergebenen die Strafe des Teilnehmers:

1. wenn er den erteilten Befehl überschritten hat, oder
2. wenn ihm bekannt gewesen ist, daß der Befehl des Vorgesetzten eine Handlung betraf, welche ein allgemeines oder militärisches Verbrechen oder Vergehen bezweckte.

(2) Ist die Schuld des Untergebenen gering, so kann von seiner Bestrafung abgesehen werden.

Gründe, die die Strafe ausschließen, mildern oder erhöhen

§ 48.* Die Strafbarkeit einer Handlung oder Unterlassung ist dadurch nicht ausgeschlossen, daß der Täter nach seinem Gewissen oder den Vorschriften seiner Religion sein Verhalten für geboten erachtet hat.

§ 49. (1) Die Verletzung einer Dienstpflicht aus Furcht vor persönlicher Gefahr ist ebenso zu bestrafen wie die Verletzung der Dienstpflicht aus Vorsatz.

(2) Bei strafbaren Handlungen gegen die Pflichten der militärischen Unterordnung sowie bei allen in Ausübung des Dienstes begangenen strafbaren Handlungen bildet die selbstverschuldete Trunkenheit des Täters keinen Strafmilderungsgrund.

§ 50. Bei Bestrafung militärischer Verbrechen oder Vergehen ist die Erkennung der angedrohten Strafe unabhängig vom Alter des Täters.

§ 51. Die Verfolgung eines militärischen Verbrechens oder Vergehens ist unabhängig von dem Antrag des Verletzten oder einer anderen zum Antrag berechtigten Person.

---

* Wegen der sich schon 1939 häufenden Kriegsverweigerer-Todesurteile gegen die Zeugen Jehovas (Ernste Bibelforscher) hat die allmählich verunsicherte Richterschaft des Reichskriegsgerichts wiederholt bei Hitler Vortrag halten dürfen. Die extrem menschenfeindliche und das religiöse Gewissen verachtende Entscheidung des „Führers" hat der Chef des Oberkommandos der Wehrmacht, Generaloberst Wilhelm Keitel, am 1. Dezember 1939 unter dem bezeichnenden Vermerk „Geheim" den Kriegsgerichten und deren Gerichtsherrn mitgeteilt; sie lautet:

„Der Führer hat entschieden:
Allein in Polen seien mehr als zehntausend anständige Soldaten gefallen, viele tausend Soldaten seien schwer verwundet worden. Wenn er von jedem deutschen Mann, der wehrfähig ist, dieses Opfer fordern müsse, sehe er sich nicht in der Lage, bei ernsthafter Wehrdienstverweigerung Gnade walten zu lassen. Dabei könne kein Unterschied danach gemacht werden, aus welchem Beweggründen der einzelne den Wehrdienst verweigere. Auch Umstände, die sonst strafmildernd in Betracht gezogen würden oder die bei einer Gnadenentscheidung eine Rolle spielten, könnten hier keine Berücksichtigung finden. Wenn also der Wille des Mannes, der den Wehrdienst verweigere, nicht gebrochen werden könne, müsse das Urteil vollstreckt werden."

Kriegsverrat

§ 57. Wer im Felde einen Landesverrat nach § 91 b des Strafgesetzbuchs begeht, wird wegen Kriegsverrats mit dem Tode bestraft.*

§ 59. Verabredung eines Kriegsverrats. Haben mehrere einen Kriegsverrat verabredet, ohne daß es zum Unternehmen eines solchen gekommen ist, so tritt Zuchthaus nicht unter fünf Jahren ein.

§ 60. Nichtanzeige eines Kriegsverrats. (1) Wer von dem Vorhaben eines Kriegsverrats (§§ 57 und 59) zu einer Zeit, in der die Verhütung des Verbrechens möglich ist, glaubhafte Kenntnis erhält und es unterläßt, hiervon rechtzeitig Anzeige zu machen, ist mit der Strafe des Täters zu belegen.

(2) Ist es zu einem Kriegsverrat (§ 57) nicht gekommen, so kann auf zeitiges Zuchthaus oder Gefängnis erkannt werden. Es kann auch von Strafe abgesehen werden.

§ 61. Straflosigkeit bei Kriegsverrat. Straflosigkeit tritt für den an dem Vorhaben eines Kriegsverrats Beteiligten ein, wenn er von ihm zu einer Zeit und in einer Weise Anzeige macht, daß die Verhütung des Verbrechens möglich ist.

§ 62. Dienstpflichtverletzung im Felde. Wer im Felde eine Dienstpflicht vorsätzlich verletzt und dadurch fahrlässig bewirkt, daß die Unternehmungen des Feindes gefördert werden oder den deutschen oder verbündeten Truppen Gefahr oder Nachteil bereitet wird, ist mit Zuchthaus bis zu zehn Jahren oder mit Gefängnis oder Festunghaft bis zu zehn Jahren zu bestrafen. In minder schweren Fällen oder wenn die Verletzung der Dienstpflicht fahrlässig geschehen ist, tritt Freiheitsstrafe bis zu drei Jahren ein.

§ 63. Übergabe an den Feind. (1) Mit dem Tode wird bestraft:

1. der Kommandant eines festen Platzes, der ihn dem Feinde übergibt, ohne zuvor alle Mittel zur Verteidigung des Platzes erschöpft zu haben;
2. der Befehlshaber, der im Felde mit Vernachlässigung der ihm zu Gebote stehenden Verteidigungsmittel den ihm anvertrauten Posten verläßt oder dem Feinde übergibt;

---

* § 91 b Strafgesetzbuch: „Wer im Inland oder als Deutscher im Ausland es unternimmt, während eines Krieges gegen das Reich oder in Beziehung auf einen drohenden Krieg der feindlichen Macht Vorschub zu leisten oder der Kriegsmacht des Reichs oder seiner Bundesgenossen einen Nachteil zuzufügen, wird mit dem Tode oder mit lebenslangem Zuchthaus bestraft.

Wenn die Tat nur einen unbedeutenden Nachteil für das Reich und seine Bundesgenossen und nur einen unbedeutenden Vorteil für die feindliche Macht herbeigeführt hat, schwerere Folgen auch nicht herbeiführen konnte, so kann auf Zuchthaus nicht unter zwei Jahren erkannt werden."

3. der Befehlshaber, der auf freiem Felde kapituliert, wenn dies das Strekken der Waffen für die ihm untergebenen Truppen zur Folge gehabt und er nicht zuvor alles getan hat, was die Pflicht von ihm erfordert;

4. der Befehlshaber eines Schiffes der Kriegsmarine, der dieses oder seine Bemannung dem Feinde übergibt, ohne zuvor zur Vermeidung dieser Übergabe alles getan zu haben, was die Pflicht von ihm erfordert.

(2) In minder schweren Fällen des Abs. 1 Nrn. 2 und 3 tritt Zuchthaus, Gefängnis oder Festungshaft nicht unter fünf Jahren ein.

Unerlaubte Entfernung

§ 64. Wer unbefugt seine Truppe oder Dienststelle verläßt oder ihnen fernbleibt und vorsätzlich oder fahrlässig länger als drei Tage, im Felde länger als einen Tag, abwesend ist, wird mit Gefängnis oder Festungshaft bis zu zehn Jahren bestraft. In minder schweren Fällen kann die Strafe bis auf vierzehn Tage geschärften Arrests ermäßigt werden.

§ 65. (1) Ebenso (§ 64) wird bestraft, wer im Felde es vorsätzlich oder fahrlässig unterläßt, binnen drei Tagen

1. sich der Truppe, von der er abgekommen ist, oder einer anderen Truppe wieder anzuschließen, oder

2. sich nach beendeter Kriegsgefangenschaft bei einem Truppenteil zu melden.

(2) Dasselbe gilt für den, der außerhalb der deutschen Hoheitsgrenzen von seiner Dienststelle abgekommen ist und es vorsätzlich oder fahrlässig unterläßt, sich bei ihr, bei einer anderen Dienststelle oder bei einer deutschen Behörde binnen drei Tagen zu melden.

Fahnenflucht

§ 69. (1) Wer in der Absicht, sich der Verpflichtung zum Dienste in der Wehrmacht dauernd zu entziehen oder die Auflösung des Dienstverhältnisses zu erreichen, seine Truppe oder Dienststelle verläßt oder ihnen fernbleibt, wird wegen Fahnenflucht bestraft.

(2) Der Fahnenflucht steht es gleich, wenn der Täter in der Absicht seine Truppe oder Dienststelle verläßt oder ihnen fernbleibt, sich für die Dauer eines Krieges, kriegerischer Unternehmungen oder innerer Unruhen der Verpflichtung zum Dienste in der Wehrmacht überhaupt oder in den mobilen Teilen der Wehrmacht zu entziehen.

§ 70. Strafe für Fahnenflucht. (1) Die Strafe für Fahnenflucht ist Gefängnis nicht unter sechs Monaten.

(2) Wird die Tat im Felde begangen oder liegt ein besonders schwerer Fall vor, so ist auf Todesstrafe oder auf lebenslanges oder zeitiges Zuchthaus zu erkennen.*

(3) Stellt sich der Täter, um den Wehrdienst fortzusetzen, binnen vier Wochen – im Felde binnen einer Woche – nach der Tat, so kann in den Fällen des Abs. 1 auf Gefängnis, in den Fällen des Abs. 2 auf Gefängnis nicht unter sechs Monaten erkannt werden.

§ 77. Nichtanzeige einer Fahnenflucht. Wer von dem Vorhaben einer Fahnenflucht zu einer Zeit, in der ihre Verhütung möglich ist, glaubhafte Kenntnis erhält und es unterläßt, hiervon seinem Vorgesetzten rechtzeitig Anzeige zu machen, ist, wenn die Fahnenflucht begangen worden ist, mit Freiheitsstrafe zu bestrafen.

§ 78. ** **Verleitung zur Fahnenflucht.** (1) Wer es unternimmt, vorsätzlich einen anderen zur Fahnenflucht zu verleiten, oder wer die Fahnenflucht eines anderen vorsätzlich fördert, wird mit Gefängnis nicht unter sechs Monaten bestraft. In minder schweren Fällen kann auf Gefängnis nicht unter drei Monaten erkannt werden.

(2) Wird die Tat im Felde begangen oder liegt ein besonders schwerer Fall vor, so kann auf Todesstrafe oder auf lebenslanges oder zeitiges Zuchthaus erkannt werden.

§ 81 Selbstverstümmelung. (1) Wer sich durch Selbstverstümmelung oder sonst zum Dienst untauglich macht, wird mit Gefängnis nicht unter sechs Monaten bestraft. In minder schweren Fällen kann auf Gefängnis oder auf Arrest nicht unter vierzehn Tagen erkannt werden.

* Richtlinien des Führers und Obersten Befehlshabers der Wehrmacht für die Strafzumessung bei Fahnenflucht vom 14. April 1940:

I.

Die Todesstrafe ist geboten, wenn der Täter aus Furcht vor persönlicher Gefahr gehandelt hat oder wenn sie nach der besonderen Lage des Einzelfalles unerläßlich ist, um die Mannszucht aufrechtzuerhalten.

Die Todesstrafe ist im allgemeinen angebracht bei wiederholter oder gemeinschaftlicher Fahnenflucht und bei Flucht oder versuchter Flucht ins Ausland. Das gleiche gilt, wenn der Täter erheblich vorbestraft ist oder sich während der Fahnenflucht verbrecherisch betätigt hat.

II.

In allen anderen Fällen der Fahnenflucht muß unter Berücksichtigung der gesamten Umstände geprüft werden, ob Todesstrafe oder Zuchthausstrafe angemessen ist.

Eine Zuchthausstrafe wird in diesen Fällen im allgemeinen als ausreichende Sühne anzusehen sein, wenn jugendliche Unüberlegtheit, falsche dienstliche Behandlung, schwierige häusliche Verhältnisse oder andere nicht unehrenhafte Beweggründe für den Täter hauptsächlich bestimmend waren.

III.

Diese Grundsätze gelten auch für die Fälle, in denen das Ausbrechen aus einer Strafanstalt als Fahnenflucht anzusehen ist.

** Die Vorschrift ist während der Geltungsdauer des § 5 Abs. 1 Nr. 2 der Kriegssonderstrafrechtsverordnung unanwendbar, vgl. § 6 a. a. O. (hier abgedruckt nach dem Text des Militärstrafgesetzbuches).

180

(2) Wird die Tat im Felde begangen oder liegt ein besonders schwerer Fall vor, so kann auf Todesstrafe oder auf lebenslanges oder zeitiges Zuchthaus erkannt werden.

(3) Ebenso wird bestraft, wer einen anderen zum Dienst untauglich macht.

§ 83. Dienstentziehung durch Täuschung. (1) Wer sich oder einen anderen dem Dienst entzieht und dabei ein auf Täuschung berechnetes Mittel anwendet oder sonst arglistig handelt, wird mit Gefängnis bestraft. In minder schweren Fällen kann auf Arrest erkannt werden.

(2) Wird die Tat im Felde begangen oder liegt ein besonders schwerer Fall vor, so kann auf Todesstrafe oder auf lebenslanges oder zeitiges Zuchthaus erkannt werden.

§ 84. Dienstpflichtverletzung aus Furcht. Wer aus Furcht vor persönlicher Gefahr eine militärische Dienstpflicht verletzt, wird mit Arrest oder mit Gefängnis bestraft.

§ 85. Feigheit. (1) In besonders schweren Fällen der Dienstpflichtverletzung aus Furcht (§ 84) ist wegen Feigheit auf Todesstrafe oder auf lebenslanges oder zeitiges Zuchthaus zu erkennen.

(2) Ein besonders schwerer Fall kann namentlich dann vorliegen, wenn die Tat während einer Kampfhandlung oder zu einer Zeit, in der eine Kampfhandlung zu erwarten ist, oder in besonders schimpflicher Weise begangen worden ist oder wenn sie einen erheblichen Nachteil herbeigeführt hat.

§ 86. Milderung bei Mutbeweisen. Hat der Täter nach der Tat hervorragenden Mut bewiesen, so kann in den Fällen des § 84 von Strafe abgesehen und in den Fällen des § 85 auf Gefängnis erkannt werden.

§ 89. Drohung gegen einen Vorgesetzten. (1) Wer im Dienste oder in Beziehung auf eine Diensthandlung einen Vorgesetzten mit der Begehung eines Verbrechens oder Vergehens bedroht, wird mit geschärftem Arrest nicht unter vierzehn Tagen oder mit Gefängnis oder Festungshaft bestraft.

(2) Wird die Tat im Felde begangen oder liegt ein besonders schwerer Fall vor, so kann auf Todesstrafe oder auf lebenslanges oder zeitiges Zuchthaus erkannt werden.

§ 92. Ungehorsam. (1) Wer einen Befehl in Dienstsachen nicht befolgt und dadurch vorsätzlich oder fahrlässig einen erheblichen Nachteil, eine Gefahr für Menschenleben oder in bedeutendem Umfang für fremdes Eigentum oder eine Gefahr für die Sicherheit des Reichs oder für die Schlagfertigkeit oder Ausbildung der Truppe herbeiführt, wird mit geschärftem Arrest nicht unter einer Woche oder mit Gefängnis oder Festungshaft bis zu zehn Jahren bestraft.

(2) Wird die Tat im Felde begangen oder liegt ein besonders schwerer Fall vor, so kann auf Todesstrafe oder auf lebenslanges oder zeitiges Zuchthaus erkannt werden.

(3) Ist die Tat fahrlässig begangen, so tritt Freiheitsstrafe bis zu fünf Jahren ein.

§ 94. Gehorsamsverweigerung. (1) Wer den Gehorsam durch Wort oder Tat verweigert oder auf wiederholt erhaltenen Befehl in Dienstsachen im Ungehorsam beharrt, wird mit geschärftem Arrest nicht unter vierzehn Tagen oder mit Gefängnis oder Festungshaft bestraft.

(2) Wird die Tat im Felde begangen, oder liegt ein besonders schwerer Fall vor, so kann auf Todesstrafe oder auf lebenslanges oder zeitiges Zuchthaus erkannt werden.

§ 96. Widersetzung. (1) Wer es unternimmt, einen Vorgesetzten mit Gewalt oder Drohung an der Ausführung eines Dienstbefehls zu hindern oder zur Vornahme oder Unterlassung einer Diensthandlung zu nötigen, wird mit Gefängnis oder Festungshaft von sechs Monaten bis zu zehn Jahren, in minder schweren Fällen mit Gefängnis oder Festungshaft nicht unter drei Monaten bestraft.

(2) Dieselbe Strafe tritt ein, wenn die Handlung gegen die zur Unterstützung des Vorgesetzten befehligten oder zugezogenen Mannschaften begangen wird.

(3) Wird die Tat im Felde begangen oder liegt ein besonders schwerer Fall vor; so kann auf Todesstrafe oder auf lebenslanges oder zeitiges Zuchthaus erkannt werden.

§ 97. Tätlicher Angriff gegen einen Vorgesetzten. (1) Wer es unternimmt, gegen einen Vorgesetzten tätlich zu werden, wird mit Gefängnis oder Festungshaft nicht unter sechs Monaten bestraft.

(2) Wird die Tat im Felde begangen oder liegt ein besonders schwerer Fall vor, so kann auf Todesstrafe oder auf lebenslanges oder zeitiges Zuchthaus erkannt werden.

§ 98. Strafmilderung bei Reizung durch den Vorgesetzten. Ist ein Untergebener dadurch, daß der Vorgesetzte ihn vorschriftswidrig behandelt oder die Grenzen seiner Dienstgewalt überschritten hat, gereizt und auf der Stelle zu einer der strafbaren Handlungen der §§ 89 bis 97 hingerissen worden, so kann die Strafe bis auf das gesetzliche Mindestmaß der angedrohten Strafart ermäßigt werden.

§ 99. Aufwiegelung. (1) Wer einen Wehrmachtangehörigen, einen Wehrpflichtigen des Beurlaubtenstandes, einen Schiffsangestellten, einen Angehörigen des Gefolges oder einen Kriegsgefangenen zum Ungehorsam (§ 92), zur Gehorsamsverweigerung (§ 94), zur Widersetzung (§ 96) oder zu einem tätlichen Angriff gegen einen Vorgesetzten (§ 97) auffordert oder anreizt, ist gleich dem Anstifter zu bestrafen, wenn die Aufforderung oder Anreizung die strafbare Handlung oder einen Versuch von ihr zur Folge gehabt hat.

(2) Ist die Aufforderung oder Anreizung ohne Erfolg geblieben, so ist auf Freiheitsstrafe zu erkennen. Ist die Schuld des Täters gering, so kann von Strafe abgesehen werden.

(3) Erstreckt sich die Aufforderung oder Anreizung auf mehrere, so kann ohne Rücksicht darauf, ob ein Erfolg eingetreten oder ob die Tat im Felde begangen worden ist, auf Todesstrafe oder auf lebenslanges oder zeitiges Zuchthaus erkannt werden.

§ 101. Unerlaubte Versammlung. Gemeinsame Beschwerde. (1) Wer unbefugt eine Versammlung zur Beratung über militärische Angelegenheiten oder Einrichtungen veranstaltet oder zu einer gemeinsamen Vorstellung oder Beschwerde über solche Angelegenheiten oder Einrichtungen Unterschriften sammelt, wird mit Freiheitsstrafe bis zu drei Jahren bestraft.

(2) Die an einer solchen Versammlung, Vorstellung oder Beschwerde Beteiligten werden mit Freiheitsstrafe bis zu sechs Monaten bestraft.

§ 102. Erregen von Mißvergnügen. (1) Wer es unternimmt, Mißvergnügen in Beziehung auf den Dienst unter seinen Kameraden zu erregen, wird mit Freiheitsstrafe bis zu drei Jahren bestraft.

(2) Ist die Handlung durch Verbreitung von Schriften, Darstellungen oder Abbildungen oder ist sie im Felde begangen worden, so ist auf geschärften Arrest nicht unter vierzehn Tagen oder auf Gefängnis oder Festungshaft bis zu fünf Jahren zu erkennen.

§ 102 a. Untergraben der Mannszucht. Wer es unternimmt, die Mannszucht in der Wehrmacht durch ketzerische Reden oder in ähnlicher Weise zu untergraben, wird mit lebenslangem oder zeitigem Zuchthaus bestraft. In besonders schweren Fällen kann auf Todesstrafe erkannt werden.

§ 103. Meuterei. Verabreden mehrere eine gemeinschaftliche Gehorsamsverweigerung (§ 94) oder eine gemeinschaftliche Widersetzung (§ 96) oder einen tätlichen Angriff gegen einen Vorgesetzten (§ 97) oder einen militärischen Aufruhr (§ 106), so werden sie wegen Meuterei bestraft. Die Strafe ist nach dem Gesetz festzusetzen, das auf die Handlung Anwendung findet, deren Begehung verabredet worden ist.

§ 104. Nichtanzeige einer Meuterei. Wer von einer Meuterei zu einer Zeit, in der die Verhütung der verabredeten strafbaren Handlung möglich ist, glaubhafte Kenntnis erhält und es unterläßt, hiervon rechtzeitig Anzeige zu machen, wird, wenn die verabredete strafbare Handlung begangen worden ist, mit Freiheitsstrafe bestraft.

§ 105. Straflosigkeit bei Meuterei. Straflosigkeit tritt für den an der Meuterei Beteiligten ein, der von der Meuterei zu einer Zeit und in einer Weise Anzeige macht, daß die Verhütung der verabredeten Handlung möglich ist.

§ 106. Militärischer Aufruhr. (1) Wenn sich mehr als drei Soldaten zusammenrotten und es mit vereinten Kräften unternehmen, eine Gehorsamsverweigerung (§ 94), eine Widersetzung (§ 96) oder einen tätlichen Angriff gegen einen Vorgesetzten (§ 97) zu begehen, werden sie mit Gefängnis nicht unter einem Jahr bestraft.

(2) Wird die Tat im Felde begangen oder liegt ein besonders schwerer Fall vor, so kann auf Todesstrafe oder auf lebenslanges oder zeitiges Zuchthaus erkannt werden.

(3) Gegen den Täter, der nach Beginn des Aufruhrs zur Ordnung zurückgekehrt ist, kann auf Gefängnis erkannt werden.

§ 115. Anstiftung eines Untergebenen zu einer Straftat. Wer durch Mißbrauch seiner Dienstgewalt oder seiner dienstlichen Stellung einen Untergebenen zu einer von diesem begangenen, mit Strafe bedrohten Handlung vorsätzlich bestimmt hat, wird als Täter oder Anstifter bestraft. Die Strafe kann bis zur Höchstgrenze der zu verhängenden Strafart erhöht werden.

§ 122. Mißhandlung eines Untergebenen. (1) Wegen Mißhandlung eines Untergebenen wird bestraft:
1. wer ihn vorsätzlich stößt oder schlägt oder auf andere Weise körperlich mißhandelt oder an der Gesundheit schädigt,
2. wer ihm böswillig den Dienst erschwert oder ihn entwürdigend behandelt,
3. wer solche Taten eines Untergebenen duldet oder fördert.

(2) Die Strafe ist Gefängnis oder Festungshaft oder Arrest nicht unter vierzehn Tagen.

(3) In besonders schweren Fällen kann auf Zuchthaus erkannt werden.

§ 141. Wachverfehlung. (1) Wer als Befehlshaber einer militärischen Wache, eines Kommandos oder einer Abteilung oder als Wachposten vorsätzlich oder fahrlässig
1. sich außerstande setzt, den ihm obliegenden Dienst zu versehen oder
2. seinen Posten verläßt oder den ihm für diesen Dienst sonst gegebenen Vorschriften zuwiderhandelt

und dadurch vorsätzlich oder fahrlässig einen erheblichen Nachteil, eine Gefahr für Menschenleben oder in bedeutendem Umfang für fremdes Eigentum oder eine Gefahr für die Sicherheit des Reichs oder für die Schlagfertigkeit oder Ausbildung der Truppe herbeiführt, wird mit geschärftem Arrest nicht unter vierzehn Tagen oder mit Gefängnis oder Festungshaft bestraft.

(2) Wird die Tat im Felde begangen oder liegt ein besonders schwerer Fall vor, so kann auf Todesstrafe, auf lebenslanges oder zeitiges Zuchthaus erkannt werden.

§ 150. Heiraten ohne Erlaubnis. Wer sich ohne die erforderliche dienstliche Genehmigung verheiratet, wird mit Freiheitsstrafe bis zu drei Monaten bestraft.

Gefolge

§ 155. Während eines gegen das Deutsche Reich ausgebrochenen Krieges sind alle Personen, die sich in irgendeinem Dienst- oder Vertragsverhältnis bei der Wehrmacht befinden oder sonst sich bei ihr aufhalten oder ihr folgen, den Strafvorschriften dieses Gesetzes, insbesondere den Kriegsgesetzen unterworfen, soweit die Oberbefehlshaber der Wehrmachtteile oder der Chef des Oberkommandos der Werhmacht es für ihren Befehlsbereich bestimmen.

§ 156. Neben einer jeden Freiheitsstrafe, die gegen eine Person verhängt wird, die sich zu den Truppen in einem Dienst- oder Vertragsverhältnis befindet, kann zugleich auf Aufhebung dieses Verhältnisses erkannt werden.

Das Militärstrafgesetzbuch tritt in seiner neuen Fassung am 1. Dezember 1940 in Kraft.

Berlin, den 10. Oktober 1940.

Der Vorsitzende
des Ministerrats für die Reichsverteidigung
Göring
Reichsmarschall

Der Chef des Oberkommandos der Wehrmacht
Keitel

Der Reichsminister und Chef der Reichskanzlei
Dr. Lammers

b) Aus der Kriegssonderstrafrechtsverordnung vom 17. August 1938 (RGBl. I 1939 S. 1455)

§ 5. Zersetzung der Wehrkraft. (1) Wegen Zersetzung der Wehrkraft wird mit dem Tode bestraft:

1. wer öffentlich dazu auffordert oder anreizt, die Erfüllung der Dienstplicht in der deutschen oder einer verbündeten Wehrmacht zu verweigern, oder sonst öffentlich den Willen des deutschen oder verbündeten Volkes zur wehrhaften Selbstbehauptung zu lähmen oder zu zersetzen sucht;

2. wer es unternimmt, einen Soldaten oder Wehrpflichtigen des Beurlaubtenstandes zum Ungehorsam, zur Widersetzung oder zur Tätlichkeit gegen einen Vorgesetzten oder zur Fahnenflucht oder unerlaubten Entfernung zu verleiten oder sonst die Mannszucht in der deutschen oder einer verbündeten Wehrmacht zu untergraben;

3. wer es unternimmt, sich oder einen anderen durch Selbstverstümmelung, durch ein auf Täuschung berechnetes Mittel oder auf andere Weise der Erfüllung des Wehrdienstes ganz, teilweise oder zeitweise zu entziehen.

(2) In minder schweren Fällen kann auf Zuchthaus oder Gefängnis erkannt werden.

(3) Neben der Todes- und der Zuchthausstrafe ist die Einziehung des Vermögens zulässig.

(4) Wer leichtfertig unrichtige oder unvollständige Angaben macht, die dazu bestimmt sind, sich oder einen anderen von der Erfüllung des Wehrdienstes ganz, teilweise oder zeitweise freistellen zu lassen, wird mit Gefängnis bestraft.

Durch Ergänzungs-Verordnung vom 31. März 1943 (RGBl. I 1939 S. 261) hob Hitler alle Strafgrenzen auf (§ 5 a); dadurch wurden eine Reihe von Bestimmungen des Militärstrafgesetzbuches gegenstandslos.

§ 5a. (1) Gegen Personen, die dem Kriegsverfahren unterliegen, kann wegen strafbarer Handlungen gegen die Mannszucht oder das Gebot des soldatischen Mutes unter Überschreitung des regelmäßigen Strafrahmens die Strafe bis zur Höchstgrenze der angedrohten Strafart erhöht oder auf zeitiges oder lebenslanges Zuchthaus oder auf Todesstrafe erkannt werden, wenn es die Aufrechterhaltung der Mannszucht oder die Sicherheit der Truppe erfordert.

(2) Das gleiche gilt für strafbare Handlungen, durch die der Täter einen besonders schweren Nachteil für die Kriegführung oder die Sicherheit des Reichs verschuldet hat, wenn der regelmäßige Strafrahmen nach gesundem Volksempfinden zur Sühne nicht ausreicht.

§ 6. Die §§ 78, 81, 83, 99 und 102a des Militärstrafgesetzbuchs und die §§ 112, 140, 141, 142 und 143 des Strafgesetzbuchs für das Deutsche Reich sind nicht anzuwenden.

IV. Literaturhinweise

Es wurden hier aus der immer noch ansteigenden Fülle von einschlägigen Veröffentlichungen nur einige Bücher genannt, die ihrerseits jeweils wieder umfangreiche Prozeßberichte und Publikationsverzeichnisse enthalten.

BUNDESMINISTER DER JUSTIZ (Hrsg.) *Im Namen des Deutschen Volkes.* Katalog zur Ausstellung des Bundesministers der Justiz. Köln: Verlag Wissenschaft und Politik, 1989, 463 Seiten.
(Viele Photos und Dokumente, rechnet präzise und höchst kritisch mit der Justiz im „Dritten Reich" ab, dabei ausführlich auch mit der US-Militärjustiz; dazu ein weiterführendes Literaturverzeichnis.)

GARBE, Detlef: *Zwischen Widerstand und Martyrium. Die Zeugen Jehovas im ‚Dritten Reich'* Studien zur Zeitgeschichte, Band 42. München: R. Oldenbourg Verlg, 1993, 577 Seiten.
(Ausführliche Quellen- und Literaturangaben nebst Personenregister, Länder- und Ortsregister und Sachregister; Geschichte der Internationalen Bibelforscher-Vereinigung und, sehr ausführlich, Verfolgung der Zeugen Jehovas, mit Zahlenangaben und Tabellen.)

HAASE, Norbert: *Das Reichskriegsgericht und der Widerstand gegen die Nationalsozialistische Herrschaft.* Katalog zur Sonderausstellung der Gedenkstätte Deutscher Widerstand in Zusammenarbeit mit der Neuen Richtervereinigung. Herausgegeben von der Gedenkstätte Deutscher Widerstand in Zusammenarbeit mit der Berliner Senatsverwaltung für Justiz, 1993, 280 Seiten.
(Urteilstexte, Portraits und sonstige Photos, Vorworte von Gisela Knobloch und Jutta Limbach. Literaturhinweise auf entlegene dokumentarische Publikationen.)

KAMMLER, Jörg: *Ich habe die Metzelei satt und laufe über ... Kasseler Soldaten zwischen Verweigerung und Widerstand* (1939–1945). Eine Dokumentation. Kassel: Schriftenreihe des Magistrats des Stadt Kassel, 1997, 269 Seiten.
(Hunderte von Originalzitaten, mehrere Bilder und Dokumentenphotos, darunter auch Feldurteilskopien und Kurzbiographien. Ausführliche Quellenangaben, dazu Literaturhinweise aus der Nazi-Zeit – von 1945 – und Hinweise auf Publikationen aus der Zeit nach 1945. Ausführliche Personen- und Sachregister.)

KEMPNER, Benedicta Maria: *Priester vor Hitlers Tribunalen.* München: Rütten & Loening Verlag, 1966, 496 Seiten.
(Ausführliche Darstellung des Falles von Pater Reinisch)

MESSERSCHMIDT, Manfred / WÜLLNER, Fritz: *Die Wehrmacht im Dienste des Nationalsozialismus, Zerstörung einer Legende.* Baden-Baden: Nomos-Verlagsgesellschaft, 1987, 365 Seiten.
(Sehr umfangreiche Literaturangaben, auch aus der Zeit von 1945, acht Seiten Personenregister, viele Dokumentenphotos, eine geschichtlich ausholende und das hitlerische Unrechtsregime sehr konkret ablehnende Publikation.)

PARDO, Herbert/SCHIFFNER, Siegfried: *Der Prozeß Petersen vor dem Schwurgericht in Hamburg, Verbrechen gegen die Menschlichkeit.* Hamburg: Verlag Auerdruck, 1948, 154 Seiten.
(Ausführliche Darstellung des Falls Petersen.)

PAUL, Gerhard: *Ungehorsame Soldaten.* Dissers, Verweigerung und Widerstand deutscher Soldaten (1939–1945), St. Ingbert 1994, 233 Seiten (Urteile, Geschichtlicher Rückblick, viele Quellen sind Literaturnachweise).

PUTZ, Erna: *Franz Jägerstätter ... besser die Hände als der Wille gefesselt.* Grünbach: Edition Geschichte der Heimat, 1997, 327 Seiten.
(Quellen- und Literaturverzeichnis mit weiterführenden Monographien und Aufsätzen. Schildert die Geschichte der Familie, die Heimatgemeinde Jägerstätters und ausführlich die Reichskriegsgerichtsverhandlung und Hinrichtung, dazu die überraschende, auch nach 1945 noch andauernde Uneinigkeit der Mitbürger und der Amtskirche über die Bewertung der unbeugsamen Kriegsdienstverweigerung Jägerstätters.)

WETTE, Wolfram (Hrsg.): *Deserteure der Wehrmacht, Feiglinge – Opfer – Hoffnungsträger.* Essen: Klartext-Verlag, 1995, 360 Seiten.
(Taschenbuch mit Beiträgen von 31 sachkundigen Politikern, Wissenschaftlern und Journalisten.)

WÜLLNER, Fritz: *Die NS-Militärjustiz und das Elend der Geschichtsschreibung.* Ein grundlegender Forschungsbericht. Baden-Baden: Nomos Verlagsgesellschaft, 1997, 909 Seiten.
(Literaturverzeichnis, Personenverzeichnis, Sachregister. Ein mit Dokumentenphotos, Texten, Zahlen und Tabellen versehenes Werk in bisher nie gekannter Informationsdichte.)

WÜLLNER, Hermine (Hrsg.): „... *kann nur der Tod die gerechte Sühne sein.*" *Todesurteile deutscher Wehrmachtsgerichte.* Eine Dokumentation. Baden-Baden: Nomos-Verlagsgesellschaft, 1997, 317 Seiten.
(Die Witwe und Mitarbeiterin Fritz Wüllners setzt mit der Wiedergabe von 28 NS-Kriegsgerichts-Todesurteilen die Forschungsarbeit ihres Mannes fort.)

V. Abkürzungsverzeichnis

Bau-Pi.-Ers.-u.Ausb.Btl.	Bau-Pionier-Ersatz- und Ausbildungs-Bataillon
d. V.	der Verfasser
EK	Eisernes Kreuz
Gebirgs-Pi.-Bataillon	Gebirgs-Pionier-Bataillon
geh.	geheim
gel. Arrest	gelinder Arrest
gesch. Arrest	geschärfter Arrest
I. D.	Infanteriedivision
k. A. (kr. A.)	kraft Auftrages
Krs.	Kreis
KSSVO	Kriegssonderstrafrechtsverordnung
KStVO	Kriegsstrafverfahrensordnung
Matr.Gefr.	Matrosengefreiter
MStGB	Militärstrafgesetzbuch
NS	Nationalsozialismus
ns	nationalsozialistisch
OKH	Oberkommando des Heeres
O.S.	Oberschlesien
RGBl.	Reichsgesetzblatt
RStGB	Reichsstrafgesetzbuch
S	Seite(n)
SS	Schutz-Staffel (nationalsozialistische Truppe)
StGB	Strafgesetzbuch

VI. Personenregister

VII. Sach- und Schlagwortregister

Abbildungsnachweis

Wir danken den folgenden Bildgebern:

Gedenkstätte Deutscher Widerstand Berlin: 15, 34
Jägerstätter-Archiv, Ostermiething: 34
Provinzialrat der Pallottiner, Friedberg: 39
Aus: Norbert Haase, Das Reichskriegsgericht und der Widerstand gegen die nationalsozialistische Herrschaft, Berlin 1993, (Militärhistorisches Archiv Prag): 35, 51, 52
Aus: Jörg Kammler, „Ich habe die Metzelei satt und laufe über ...". Kasseler Soldaten zwischen Verweigerung und Widerstand (1939–1945). Eine Dokumentation, Fuldabrück [3]1997: 173
Otto Gritschneder, München: 64
Fotokopie aus den Akten (AZ 15/52; 14 Js 133/46. Bd. 1 der Akten und S. 44 des Urteils) des Schwurgerichts Hamburg zu dem Verfahren vom 27. 2. 1953 gegen Kommodore Petersen und die drei Richter, die das Urteil gegen den Matrosen Gail verhängt haben: 167 ff.

Buchanzeigen

Die Geschichte des Dritten Reichs bei C.H.Beck.
Eine Auswahl

Otto Gritschneder
Bewährungsfrist für den Terroristen Adolf H.
Der Hitler-Putsch und die bayerische Justiz
1990. 187 Seiten mit 15 Abbildungen.
Gebunden

Otto Gritschneder
Angeklagter Ludwig Thoma
Mosaiksteine zu einer Biographie aus unveröffentlichten Akten
2., überarbeitete und erweiterte Auflage. 1992.
172 Seiten mit 17 Abbildungen.
Gebunden

Otto Gritschneder
„Fachlich geeignet, politisch unzuverlässig …"
Memoiren
1996. 205 Seiten mit 14 Abbildungen und Dokumenten.
Gebunden

Otto Gritschneder
Anwaltsgeschichten
1988. 143 Seiten. Leinen

Otto Gritschneder
„Der Führer hat Sie zum Tode verurteilt …"
Hitlers ‚Röhm-Putsch'-Morde vor Gericht
1993. 149 Seiten mit 11 Abbildungen.
Gebunden

Verlag C.H.Beck München

Helmut König/Wolfgang Kuhlmann/Klaus Schwabe (Hrsg.)
Vertuschte Vergangenheit
Der Fall Schwerte und die NS-Vergangenheit
der deutschen Hochschulen
1997. 360 Seiten. Paperback
Beck'sche Reihe Band 1204

Bernd Rüthers
Entartetes Recht
Rechtslehren und Kronjuristen im Dritten Reich
2., verbesserte Auflage. 1989. 230 Seiten. Broschiert

Till Bastian
Furchtbare Soldaten
Deutsche Kriegsverbrechen im Zweiten Weltkrieg
2., unveränderte Auflage. 1997. 125 Seiten mit 13 Abbildungen.
Paperback
Beck'sche Reihe Band 1219

Till Bastian
Furchtbare Ärzte
Medizinische Verbrechen im Dritten Reich
2., unveränderte Auflage. 1996. 124 Seiten mit 7 Abbildungen.
Paperback
Beck'sche Reihe Band 1113

Gerhard Werle/Thomas Wandres
Auschwitz vor Gericht
Völkermord und bundesdeutsche Strafjustiz. Mit einer
Dokumentation des Auschwitz-Urteils
1995. 241 Seiten mit 3 Plänen. Paperback
Beck'sche Reihe Band 1099

Norbert Frei
Vergangenheitspolitik
Die Anfänge der Bundesrepublik und die NS-Vergangenheit
2., durchgesehene Auflage. 1997. 464 Seiten. Leinen

Verlag C. H. Beck München